그녀가 타고 떠난 그 차

그녀가 타고 떠난 그 차

지은이_ 김태진

1판 1쇄 인쇄_ 2014. 1. 13
1판 1쇄 발행_ 2014. 1. 17

발행처_ 김영사
발행인_ 박은주

등록번호_ 제406-2003-036호
등록일자_ 1979. 5. 17.

경기도 파주시 문발로 197(문발동) 우편번호 413-120
마케팅부 031) 955-3100, 편집부 031) 955-3250, 팩시밀리 031) 955-3111

저작권자 ⓒ 김태진, 2014
이 책의 저작권은 저자에게 있습니다. 저자와 출판사의 허락 없이
내용의 일부를 인용하거나 발췌하는 것을 금합니다.

값은 뒤표지에 있습니다.
ISBN 978-89-349-6568-8 13320

독자 의견 전화_ 031) 955-3200
홈페이지_ www.gimmyoung.com
이메일_ bestbook@gimmyoung.com

좋은 독자가 좋은 책을 만듭니다.
김영사는 독자 여러분의 의견에 항상 귀 기울이고 있습니다.

그녀가 타고 떠난 그 차

김태진 전문기자의 자동차 브랜드 스토리

김태진 지음

김영사

추천사

바야흐로 세계는 브랜드 시대다. 특히 한국은 브랜드에 목매는 나라다. 개인뿐만이 아니라 여러 분야에 걸친 수많은 조직은 브랜드 가치를 올리는 방법을 찾아 동분서주하고 있다. 기업, 학교, 지자체, 심지어는 국가까지도 브랜드 가치를 올리기 위해 국가브랜드위원회를 만들었다.

브랜드는 다른 상품이나 서비스와는 뭔가 다르다는 걸 보여주기 위해 사용하는 이름, 디자인, 기호 등을 통틀어 일컫는 말이다. 너도 나도 유명 브랜드를 소유함으로써 남과 구별되려 노력하지만 결국은 서로 닮아가고 같아지는 아이러니한 일도 발생한다.

그러다 보니 시중에 나와 있는 브랜드 관련 서적도 취직 수험서만큼 쏟아져 나온다. 그러나 독자의 눈높이를 잘 맞춘, 흥미로우면서도 심도 깊게 브랜드를 조명한 서적은 찾아보기 힘들다. 더군다나 자동차로 분야를 한정해 보면 더욱 그렇다. 자동차는 대부분의 사람이 일생 동안 살면서 가장 많은 돈을 들여 구입하는 소비재다. 잘 구입하면 조강지처지만 잘 못 사면 이런 악처가 없다. 그뿐인가? 대부분의 자동차 회사들은 그 나라에서 가장 큰 기업 중 하나이며, 그 창업주 또한 스티브 잡스나 빌 게이츠 뺨치는 기업가들이다.

이러니 자동차의 브랜드는 히스토리나 영향력에서 어느 여타 제품의 브랜드보다 재미있고 다양하다. 누가 이런 자동차 브랜드에 관해 제대로 쓸 수 있을까? 이럴 때 김태진 기자가 자동차 브랜드 스토리를 쓴다고 하여 반가웠다.

나는 지난 10년 간 김태진 기자를 지켜보면서 '김 기자 자체가 자동차 업계에서 하나의 브랜드다'라고 생각해왔다. 우선 그는 자동차를 정말 좋아한다. 자동차 좋아하는 사람이 어디 그 한 사람뿐이겠는가. 그러나 제너럴리스트로 대성하기보다는 자동차 분야의 전문기자가 되겠다고 매달리더니, 불쑥 일본에 가서 박사 학위 코스까지 밟았다면 이야기가 달라진다. 좋아한다기보다는 사무치게 사랑한다고 봐야 하지 않을까.

자동차 전문기자들은 대부분 자동차를 좋아해 모델들은 꿰뚫고 있지만, 정작 자동차 산업에 관한 이해는 부족하기 쉽다. 반면 산업부 기자들은 자동차 산업의 이해도는 비교적 높지만 정작 자동차 상품에 대한 지식은 얕은 경우가 많다.

김태진 기자는 자동차 상품에 대해서는 시쳇말로 '박사'이면서 전반적인 산업 흐름까지도 정확히 꿰뚫어보고 있는 사람이다. 때로는 무서울 정도의 통찰력으로 다른 기자들은 간과하는 내용도 그 비하인드 스토리를 찾아내 훌륭한 기사를 작성하는 것을 보면, 한번 잡은 먹이는 절대로 놓치지 않는 눈 밝은 해동청 송골매가 떠오른다.

그의 카라이프car life도 유별나다. 어느 날 약속 장소인 서래마을에 모터사이클을 타고 와서는 "모터사이클도 탈 줄 알아야 자동차 기자가 아니겠느냐"며 얼마 전 대형 이륜 면허를 땄다고 말하더니 그가 오토캠핑을 위해 상시 사륜구동 수입차 SUV를 덥석 사서 주말마다 캠핑을 다니는 게 아닌가.

이런 그가 이번에 자동차 브랜드 책을 펴냈다. 하나의 브랜드인 그가 쓴 책이 다른 브랜드 서적과는 확연히 구별될 것임은 지극히 당연하다.

우리나라는 세계 5대 자동차 생산 강국이다. 그러나 자동차 소비나 문화는 아직 후진성을 면치 못하고 있다. 자동차 전용 박물관, 모터스포츠, 애프터 마켓이 귀할 정도다. 자동차 문화 창달과 현명한 소비자 선택을 돕기 위해 우리나라 최초로 '올해의 차 COTY, Car of the Year' 설립을 주도한 그가 이 책을 출간함으로써 새로운 자동차 관련 길에 첫발을 내딛는 듯하다. 이 책을 시작으로 김태진 브랜드의 자동차 문화가 활짝 피기를 즐거운 마음으로 기대한다.

윤대성, 한국수입자동차협회 전무

서문

어떤 차가 좋은 차인가

"김 기자, 지금껏 타본 차 중에 뭐가 제일 좋아?"
"내게 맞는 좋은 차 추천 좀 해줘!"

내가 2000년 이후 《중앙일보》에서 줄곧 자동차를 담당하면서 가장 많이 받았던 질문이다. 또 지인들의 부탁으로 지금까지 매년 50대 이상의 차를 구입하게 도와줬다.

이런 질문을 받을 때마다 난감했다. 우선 '좋은 차'에 대한 정의 자체가 불가능해서다. 더구나 어떤 차를 추천하던 간에 그럴듯한 설명을 달아야 하니 이래저래 고역이었다. 어떨 때는 상대방 쪽에서 좋은 차로 수억 원 하는 롤스로이스, 벤틀리, 이름만 들어도 설레는 페라리나 람보르기니 같은 스포츠카를 기억해내고는 "그런 차는 비싸니까 달라도 뭐가 다르지" 하면서 동의를 구한 적도 있다. 내가 좋은 차로 현대자동차 i40나 한국GM 쉐보레 크루즈, 르노삼성의 QM5를 꼽으면 "에이 뭐, 그런 차가 좋은 차라고" 하며 실망하기도 한다.

가장 좋은 차를 꼽는 질문은 중식, 일식, 프랑스식, 이탈리아식 가운데 가장 맛있는 음식을 고르라는 것과 비슷하다. 음식은 해당 지역에 맞는 고유한 맛이 있다. 어울리는 술도 다르다. 특정 국가 음식이 가장 맛있다는 주장은 지극히 주관적이다. 개인의 기호뿐 아니라 계절이나 주변 상황에 따라 얼마든지 달라질 수 있기 때문이다.

'라이프스타일'에 맞아야 좋은 차

물론 '좋은 차'가 갖춰야 할 기본기가 있다. 성능을 말하는 '잘 달리고, 잘 돌고, 잘 서는' 삼박자다. 여기에 디자인도 중요하다. 동급 모델보다 10~20퍼센트 비싸더라도 디자인이 좋으면 쉽게 지갑을 연다. 자동차 선진국에서 매년 선정하는 '올해의 차 Car of the Year'도 이런 잣대에서 벗어나지 않는다. 이어 가격 대비 가치가 높은 차, 연비, 애프터서비스의 편리성, 중고차 가치 순으로 따져보면 된다. 그러다 간과하기 쉬운 게 '나의 라이프스타일'이다.

가장 일반적인 자동차 쓰임새는 주말에 주로 타고 평일은 근거리 장보기나 아이 뒷바라지 용도다. 이럴 경우 연소득 50퍼센트 이내에서 어떤 차를 구입해도 무난하다. 연봉이 5,000만 원이라면 2,500만 원 내외다. 5년을 타고 새 차로 바꾼다면 연간 자동차 비용(구입 및 감가상각비·보험·유류비·수리비)은 연봉의 20퍼센트 이내가 적당하다. 그 이상은 과소비다. 5,000만 원이 직장인 평균 연봉인지 확인할 수 없지만 가장 많이 팔리는 국산차가 2,500만 원 근처에 몰려 있다. 요즘은 특히 연비가 좋은 디젤차가 인기다. 디젤은 가솔린 동급 모델보다 200만 원 정도 비싸다. 월 평균 주행거리가 1,500킬로미터를 넘지 않으면 연비 때문에 디젤을 고르는 것은 또 다른 과소비다.

유모차가 필수인 부부라면 왜건이나 해치백이 편리하다. 요즘 유모차는 비싸기도 하지만 덩치가 무척 크다. 세단은 트렁크 턱 때문에 허리를 숙여야 한다. 해치백, 왜건은 입구가 편평해 쑥 밀어 넣거나 던질 수도 있다. 꽁무니도 납작해 주차도 편리하다. 그래서인지 실용성을 많이 따지는 유럽에서는 이런 차가 잘 팔린다. 유독 한국에서만 왜건과 해치백이 인기가 없을 뿐이다.

캠핑이나 골프, 낚시를 자주 다니는 레저광이라면 적재공간이 중요하다. 무조건 트렁크 용량이 큰 것을 찾기보다는 모가 나 죽은 공간이 없는지 살펴야 한다. 아울러 연비도 중요한 요소다.

하루 출퇴근 거리가 100킬로미터 이상이거나 업무상 출장이 많다면 연비가 최우선이다. 여기에 안락한 승차감도 중요하다. 딱딱한 서스펜션보다는 적당히 무른 게 덜 피곤하다.

경제적 여유가 있어 주말에 즐길 세컨드 카를 찾는다면 스포츠카가 제격이다. 뻥 뚫린 도로에서 냅다 내지르는 상쾌함은 스트레스 해소에 최고다. 단, 스포츠카를 출퇴근용으로까지 쓴다면 자기 학대다. 스포츠카는 서스펜션이 딱딱한데다 바퀴의 접지면적이 넓어 승차감이 좋지 않다. 조금만 상태가 나빠도 시트를 통해 노면의 진동이 그대로 전달된다. 정체 구간에서 찔끔찔끔 움직이려면 여간 고역이 아니다. 주차할 때 앞뒤가 잘 안 보이는 것도 불편한 요소 중 하나다.

불편한 건 참아도 못생긴 디자인은 견딜 수 없는 개성파라면 디자인에 우선순위를 두면 된다. 현대 벨로스터와 기아 쏘울, 수입차에서는 지프 랭글러나 미니, 볼보 V40, 피아트 500, 닛산 쥬크, 폭스바겐 시로코 같은 차를 추천한다. 이들 차량은 적재공간은 비좁고 뒷좌석도 작아 불편할 수 있다. 컨버터블이나 문이 두 개 밖에 없는 쿠페도 도전해볼 만하다. 하지만 컨버터블은 습한 여름과 영하 10도 이하로 떨어지는 겨울이 있는 한국 기후와는 잘 맞지 않는다. 봄, 가을이라도 뚜껑을 열고 바람 따라 살랑거리는 머리카락의 흩날림을 즐기려면 그 정도 희생은 감수해야 하지 않을까.

60대 이상 은퇴한 노부부라면 무조건 소형차를 권하고 싶다. 차가 작으면 우선 시내 주행에서 스트레스가 덜하다. 주차할 때 편리함은 안 해본 사람은 모른다. 요즘 나오는 소형차는 안전장비뿐 아니라 각종 편의장치가 중형차 뺨친다. 골프백 두 개는 충분히 들어갈 뿐 아니라, 고속도로에서도 시속 120킬로미터를 무난히 달려준다.

성능 엇비슷해진 신차 고르기 고민

요즘 매년 국내에 쏟아지는 신차는 수입차를 포함해 약 50종이 넘는다. 매주 한 대가 나오는 꼴이다. 요즘 신차는 '달리고, 돌고, 서는' 기본 성능은 사실상 엇비슷하다. 브랜드와 디자인이 다를 뿐 성능 격차는 따지기 어렵다는 이야기다. 그래서 라이프스타일에 맞는 차가 중요하다.

자동차는 해당 지역 문화의 산물이다. 차를 만드는 국가와 국민, 지역의 기후나 특성에 따라 자동차를 만드는 철학이 달라진다. 포장이 잘된데다가 구불구불 도로가 많다면 서스펜션이 다소 딱딱해도 날렵한 핸들링을 보여주는 차가 제맛이다. 주로 독일차가 이에 해당한다. 길이 좁은데다 수백 년 전에 마차가 다니기 편하게 돌을 촘촘히 박아 만든 벨지안 로드(거대한 말똥을 물을 뿌려 치울 수 있게 한 돌길)가 많은 프랑스나 이탈리아는 물렁하고 쫀득한 서스펜션을 단 소형차가 충격을 제대로 흡수한다. 수천 킬로미터 쫙 뻗은 고속도로를 정속 주행장치를 켜고 하루 종일 운전해야 하는 미국은 차체가 크고 서스펜션과 시트가 푹신해야 덜 피곤하다. 이처럼 자동차는 해당 국가의 문화와 역사를 읽는 암호 코드다.

독일 아우토반 고속도로를 시속 200킬로미터로 멋지게 달리는 균형 잡힌 몸매의 독일차를 프랑스의 좁은 시골길에서 만나면 왠지 정감이 들지 않는다. 역으로 피아트 500 같은 앙증맞은 차가 아우토반을 고속으로 질주하면 이 역시 어색해 보인다.

자동차 역사가 100년을 넘어서면서 각 브랜드마다 자신을 표현하는 유전자DNA가 명확해졌다. 차를 만드는 철학이 확연히 구분된 것이다. 멀리서 그 차의 앞모습만 봐도 어떤 브랜드인지 구분할 수 있는 디자인이 그렇다.

자동차, 추억이 스며든 인생의 일기장

자동차는 사람의 인생을 비춰 볼 수 있는 또 하나의 거울이다. 어린 시절 아버지가 몰던 차에는 가족들과의 소중한 추억이 스며 있다. 20대에 구입한 생애 첫 차에서는 애인이 떠오른다. 30대에는 가정을 꾸리고 아이를 키울 때 쓰던 차에서 아이들의 재롱이 생각난다. 40, 50대에 몰던 중형차에는 인생의 성공과 좌절의 기록이 담겨있다. 이처럼 평생 동안 탄 대여섯 대의 차를 모아 놓으면 인생의 일기장이 된다.

2008년 하반기 일본 유학에서 돌아와 가장 먼저 떠오른 숙제가 자동차 브랜드 입문서 출간이었다. 수입차 붐이 불면서 다양한 신차들이 쏟아졌지만 각종 언론에 소개되는 것은 보도자료에 근거한 천편일률적인 시승기 각론에 불과했다. 그리고 판매가 일부 업체로 편중되면서 수입차하면 대략 머리에 떠오르는 브랜드가 몇 개로 좁혀졌다. 다양성이 사라진 것이다. 때문에 이 책에 세계 19여 개의 자동차 대표 브랜드를 나만의 경험과 시작으로 풀어냈다.

  13년 동안 자동차를 담당하면서 국내외 출시된 신차는 대부분 시승해봤다. 또 해외 유명 자동차 회사의 본사와 공장에 직접 찾아가 총괄 디자이너나 최고경영자CEO를 만났다. 신차를 타보고 이런 전문가들과 만나면서 안목이 생겼다. 디자인부터 엔진과 신차 개발에 얽힌 이야기가 그렇다. 단순히 언제 무슨 차를 내놨다는 역사적 사실이 아니다. 해당 자동차를 읽는 암호 풀이집이라고 할 수 있다. 자동차를 좋아하는 중·고생부터 자동차 회사에 입사하고 싶은 대학생, 차를 구입할 소비자부터 전문적인 자동차 회사 직원까지 읽을 수 있도록 눈높이를 맞췄다.

  2012년 《중앙선데이》에 다섯 달 동안 〈카톡Car Talk〉이라는 이름으로 브랜드 스토리를 연재했다. 당시 독자들의 반응이 상당히 뜨거웠다. 이 책은 신문 연재를 그대로 옮긴 게 아니라 필자의 주관을 듬뿍 담아 더 상세한 내용으로 녹여 냈다.

만날 때마다 조언을 아끼지 않았던 한국수입자동차협회 윤대성 전무님, 자동차 이야기로 밤을 지새던 장진택, 김기범, 신홍재, 정진구 님에게 감사를 전한다. 틈틈이 따끔한 충고를 마다 않던 가족에게 이 글로 고마움을 대신한다.

인생은 마라톤에 종종 비유된다. 마라톤 역시 승부라 우승이 중요하다고 생각했다. 돌이켜 보면 입상 못지않게 의미 있는 게 완주다. 뛰다 보면 다른 사람의 발에 걸리거나 낙엽에 미끄러져 넘어질 수 있다. 승부는 누군가 옆에서 부축을 해주는 것이다. 혼자서 외롭게 일어설 수 있지만 너무 고달프다. 누군가 부축해준다면 설령 완주를 못하더라도 살 만한 게 인생이다. 나이 오십을 바라보면서 현장에서 자동차를 타보고 글을 쓸 수 있다는 것에 감사할 따름이다. 이처럼 책으로 묶어낼 기회까지 생겼으니 더욱 보람찬 마라톤이 아닐까 한다. 자동차 관련 서적이 희귀한 출판 시장에 이 책을 밑거름 삼아 자동차에 대한 지평이 넓어지길 기대한다.

끝으로 살고 싶은 도시는 자동차가 다니기 편한 도시가 아니라 '걷고 싶은, 걷기 편한 도시'다. 좋은 차는 걷고 싶은 도시와 가장 어울린다.

서울 서소문에서 2013년 한 해를 보내며
김태진

차례

추천사 004　　서문 006

유럽 EUROPE

1 | **BMW** 독일: 가치와 비전을 선도하는 21세기의 명차 019

2 | **람보르기니** 이탈리아: 자동차 마니아의 드림카 049

3 | **랜드로버** 영국: 럭셔리 사륜구동 SUV의 결정판 067

4 | **메르세데스-벤츠** 독일: 고급차의 미래를 제시하다 087

5 | **볼보** 스웨덴: 스칸디나비안 럭셔리함을 갖춘 안전의 대명사 103

6 | **아우디** 독일: 디자인과 기술을 통한 진보 117

7 | **재규어** 영국: 스포츠 성능과 엘레강스함을 갖춘 영국의 명차 139

8 | **페라리** 이탈리아: F1 슈퍼 레이싱카를 도로에서 만나다 161

9 | **포르쉐** 독일: 아름다운 스포츠카의 기준 179

10 | **폭스바겐** 독일: 딱정벌레 국민차를 넘어 세계 정상에 오르다 203

11 | **푸조-시트로엥** 프랑스: 후추통에서 자동차까지, 혁신의 역사 219

아메리카 AMERICA

12 | **제네럴모터스** 미국: GM의 이익은 미국의 이익 237

13 | **크라이슬러-지프** 미국: 혁신으로 일궈온 오프로드의 지배자 251

14 | **포드** 미국: 컨베이어 벨트 방식부터 자동차의 역사를 쓰다 267

아시아 ASIA

15 | **닛산** 일본: 기술로 승부한 꺼지지 않는 불패 신화 285

16 | **스바루** 일본: 사륜구동 자동차의 현재와 미래 305

17 | **토요타** 일본: 토요타생산방식으로 전 세계의 표준을 만들다 319

18 | **현대기아차** 대한민국: '하면된다'로 일군 대한민국의 신화 343

19 | **혼다** 일본: 아름다운 실패, 기술로 승부한 명가의 재건 361

용어 정리 380

* 차례 순서는 '가나다' 순을 원칙으로 하였습니다. 단, BMW는 영문 표기가 더 일반화되어 위 원칙에 포함하지 않았습니다.

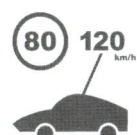

EUROPE
유럽

독일 **BMW**

1

가치와
비전을 선도하는
21세기의 명차

'잘 달리고(드라이빙 머신)', '연비 좋고(이피션트 다이내믹스)'

    요즘 BMW를 보면 얄미운 생각부터 든다. 연구 개발부터 생산, 마케팅까지 자동차 회사의 기본을 철저하게 지키는 것은 물론, 세계 자동차 업체들에게 저주로 불린 '고유가와 친환경'이라는 위기 요소를 오히려 남들과 구별되는 경쟁력으로 특화시켰기 때문이다.

    무슨 이야기냐고? BMW는 누가 뭐래도 잘 달리는 '드라이빙 머신'의 상징이다. 그러다 보니 연비는 늘 약점이었다. 미국차보다 연료 효율은 좋지만 아무래도 쌩하고 달리려면 기름을 펑펑 써야 한다.

    그런 BMW가 2000년대 들어 고유가 시대가 닥치자 재빠르게 친환경이라는 시대의 흐름을 꽤 챘다. 기술력을 집중해 연비를 좋게 하기 위해 차량은 더 가볍게 하고 디자인은 공기역학으로 다듬었다.

    세계 최초 발명이라는 타이틀이 수두룩한 엔진에서는 최적의 효율성을 지닌 터보 가솔린과 디젤 엔진을 앞에 내세우고 '이피션트 다이내믹스'라는 새로운 기업 이미지로 무장했다. 엔진뿐 아니라 디자인,

소재까지 연비를 극대화하기 위한 최적의 조합이라는 의미다. 연비는 올리면서도 잘 달리는 BMW 유전자라는 두 마리 토끼를 잡은 셈이다.

2006년 벤츠 꺾고 고급차 시장의 정상

2006년에는 숙적 메르세데스-벤츠를 제치고 역사상 처음으로 고급차(프리미엄 브랜드) 시장에서 1위에 등극했다. 이후부터는 승승장구다. BMW뿐 아니라 자회사도 최고 매출을 기록 중이다. 1990년대 후반, 영국에서 인수한 미니는 호박이 덩굴째 굴러온 효자 노릇을 했다. 소형 고급차 시장을 새로 만들어냈다. 롤스로이스도 제 역할을 하며 초럭셔리카 시장에서 정상을 지키고 있다.

BMW의 역사는 독일 자동차 업계의 거인 메르세데스-벤츠와 투쟁의 역사라고 해도 과언이 아니다. 1900년대 초반부터 항공기용 V12 엔진을 만들던 BMW는 1938년 V12기통 엔진을 얹은 335 프로토타입 승용차를 런던 모터쇼에 출시하며 기술력을 과시했다. 안타깝게도 이듬해 2차 세계대전이 발발해 335 V12는 양산으로 이어지지 못했다. 하지만 항공기 엔진 제작에서 습득한 BMW의 노하우를 유감없이 보여준 사례였다.

그 후 거의 50년간 직렬 6기통에 매진하던 BMW는 기함 7시리즈가 메르세데스-벤츠의 대형 세단 S클래스에 밀리자 판세를 뒤집기 위해 1987년 V12기통 엔진을 부활시켰다. 2차 세계대전 후 독일 브랜

BMW가 1999년에 인수한 영국 로버사의 MINI 브랜드. 사진은 1960년대에 출시된 MINI2.

드로는 처음으로 12기통 엔진을 2세대 7시리즈(E32)에 얹은 것이다. 1세대 7시리즈(E23)는 스포티한 대형 세단이라는 이미지를 쌓는 데 성공했지만, 고급차라는 이미지에서는 V8 엔진을 얹은 S클래스에 밀렸다. 하물며 BMW는 7시리즈 같은 대형 세단에도 직렬 6기통 엔진만을 얹고 있었으니, 여러모로 S클래스에 역부족이었다.

 12기통의 위엄은 대단했다. 자동차 업계의 상식을 뛰어넘는 BMW의 도전은 단숨에 7시리즈를 S클래스의 경쟁자로 부각시켰다. 이후 20여 년 동안 발전을 거듭한 BMW의 V12 엔진은 최고급 7시리즈에 주로 장착되면서 고성능을 상징하는 BMW만의 상징으로 자리 잡았

1987년에 출시된 BMW 750iL.

다. 하지만 2009년 미국발 금융위기 이후 연비를 앞세운 친환경 시대가 오면서 이 엔진은 사라지고, 더 작지만 힘과 효율성이 좋은 V10 엔진으로 대체됐다.

세계대전 참화로 항공기 꿈 접어

BMW의 역사 속에는 비행기와 엔진, 바이크 그리고 역동적인 자동차 이야기가 가득하다. 우선 로고부터 특이하다. 프로펠러 모양이다.

그녀가 타고 떠난 그 차

첫 사업이 항공기였기 때문이다. 회전하는 프로펠러 디자인은 '하늘에서 땅으로, 두 바퀴에서 네 바퀴로'라는 의미를 담았다. 본사가 있는 바이에른 주 창공을 상징하는 파란색과 알프스의 눈을 나타내는 흰색을 사용했다.

BMW는 자전거를 만들던 독일 기술자 칼 라프Karl Rapp에서 시작됐다. 그는 1913년, 항공기 엔진을 만드는 '라프 원동기 제작소'를 설립했다. 이것이 BMW의 모태다. 하지만 새 엔진은 형편없는 성능과 심각한 진동 때문에 잘 팔리지 않았다. 그러다 다임러(벤츠의 전신)의 V12 항공기 엔진을 조립 생산해 큰돈을 벌었다. 라프는 신규 사업을 한다며 1917년 회사를 떠났고, 동업자들이 이 주식을 사들이면서 회사 이름을 BMW로 바꾸었다. '바이에른에 있는 엔진 공장'이라는 의미의 바이에리쉐 모터렌 베르케Bayerische Motoren Werk가 원래 이름이다.

BMW는 1차 세계대전 때 V12 전투기 엔진을 납품해 떼돈을 벌었다. 하지만 독일이 1차 세계대전에서 패전국이 되면서 항공기 산업은 붕괴됐다. 민항 수요조차 전무했다. 생존을 위해 BMW는 1924년 모터사이클, 자동차 사업에 뛰어들었다. 항공기 엔진을 만든 경험을 살려 모터사이클 엔진도 항공기처럼 기통을 좌우 수평으로 달았다. BMW 모터사이클의 명성을 높인 수평대향 엔진이다.

BMW 자동차는 초기에 잘 달리지 못했다. 처음에는 영국 오스틴사

1936년에 출시된 BMW 326. 전면의 키드니 그릴이 선명하다.

의 승용차를 라이선스 생산했다. BMW는 이 차에 불과 15마력짜리 오토바이 엔진을 달았다. 잘 달린 차의 처음은 1936년에 출시한 독일 장교의 전용차 326 세단이다. 라디에이터 그릴이 사람의 콩팥처럼 둘로 나뉜 키드니 그릴을 단 이 차는 속도 제한이 없는 아우토반(독일 고속도로)을 질주했다. 고속질주 BMW의 명성은 326부터 시작됐다.

 2차 세계대전이 발발하자 BMW는 버릇을 못 버리고 다시 군수사업을 시작해 전투기 엔진을 만들었다. 결과는 마찬가지였다. 독일의 패망으로 뮌헨 공장이 초토화됐다. 런던 폭격을 당했던 연합국인 영국 주도로 BMW는 1952년까지 일절 엔진을 만들지 못했다. 이때는

그녀가 타고 떠난 그 차

자동차 대신 자전거와 주방용품을 만들며 근근이 버텨냈다.

1955년에는 이탈리아 스쿠터 제조업자인 이소 스파에게 라이선스를 얻어 냉장고처럼 문이 열리는 '이세타'라는 차를 만들었다. 당시 수에즈 운하 봉쇄로 기름값이 천정부지로 치솟았다. 이세타는 250cc 오토바이 엔진을 달고 최고 시속 88킬로미터를 냈다. 연비는 무려 18km/L나 됐다. 특이한 디자인에 희소성까지 겹쳐 아직도 자동차 광들의 인기모델이다.

BMW의 전성기는 1959년 독일 콴트 일가가 지분의 40퍼센트를 인수하면서 시작됐다. 독일 자동차 업체 가운데 유일하게 오너가 있는 회사가 된 것이다. 그동안 딱히 대주주가 없는데다 독일 자동차의 거인인 벤츠가 호시탐탐 BMW를 노려 경영이 불안했다. 당시 미국 GM이나 포드도 욕심을 냈다. 콴트 패밀리는 이사회 멤버로 참여할 뿐 사장 같은 경영진에는 참가하지 않았다. 대신 BMW를 대표하는 회장 선임은 콴트 일가의 동의가 있어야 했다.

이후 BMW는 후륜구동과 세계에서 가장 효율이 좋은 직렬 6기통 엔진으로 스포츠 세단의 명성을 차곡차곡 쌓아갔다. 지금처럼 3시리즈, 5시리즈, 7시리즈 등으로 이름을 붙인 것은 1972년부터다.

BMW는 1993년 일대의 전기를 맞았다. 당시 세계 자동차 업계는 '생산 대수로 빅5에 들지 못하면 망한다'는 인수합병이 대세였다. 비싼 고급차를 팔아 40년간 흑자를 내 곳간이 차 넘치던 BMW는 그해 영국 대중차 1위 업체인 로버를 인수했다. 인수 이후부터 파국이 시작됐다. 로버는 전륜구동이라 BMW와 기술 공유가 어려운데다 영

1955년에 출시된 BMW 이세타.

국·독일의 문화 차이가 거세지면서 실패만 거듭했다. 결국 7년 만에 7조 원 이상을 날리고 단돈 1달러에 로버를 매각했다. 이후 메르세데스-벤츠의 크라이슬러 인수와 함께 자동차 업계의 '잘못된 인수' 교훈이 됐다.

하지만 얻은 것도 있었다. 로버의 자회사였던 랜드로버를 통해 사륜구동 기술을 익혔고, 이를 통해 1990년대 말 SUV X5를 개발했다. 이 차는 미국에서 대성공을 거두면서 BMW가 2003년 '100만 대 클럽(연간 판매 기준)'에 가입하는 데 혁혁한 공을 세웠다. 또 매각 과정에서 주옥같은 브랜드를 헐값에 주워 담았다. 영국 소형차 미니MINI와 귀

그녀가 타고 떠난 그 차

족들의 명차 롤스로이스를 흡수한 것이다.

BMW는 MINI를 소형차 프리미엄 브랜드로 새롭게 재구성해 2001년 전 세계 시장에 선보였다. 새롭게 탄생한 MINI는 BMW 그룹의 최첨단 기술을 접목하고 감성적인 요소들을 지닌 기존 미니의 특성들을 살려내 전통적인 콘셉트를 미래 지향적인 스타일로 발전시켰다는 평가를 받았다.

BMW의 브랜드 슬로건은 'Sheer Driving Pleasure(진정한 드라이빙의 즐거움)'이다. 그러한 슬로건답게 역동적이지 않은 차는 만들지 않았다. SUV를 만들 때도 유독 다이내믹한 SUV만 만들어 세상에 내놨다. 남들이 만들지 않는 쿠페형 SUV X6을 만들어 이를 확인시켰다. 사실 X6의 실내는 SUV의 기본인 넓은 공간과 달리 비좁다. 대신 잘 달리는 날렵한 디자인과 성능이 특징이다. 그래서 BMW SUV 대신 스포츠액티비티차량SAV이라는 새로운 용어를 만들어 X6에 붙였다.(BMW 본사 상품 담당이 2005년 한국을 찾았다가 깜짝 놀랐다고 한다. 거리에서 쌍용자동차의 액티언을 보고 X6를 연상했다는 농담도 들린다.)

잘 달리기에는 무리인 SUV에 고성능 버전 M을 붙여 X5M과 X6M까지 만들어냈다. 555마력이나 되는 걸출한 엔진에, 4.7초만에 시속 100킬로미터까지 가속되는 초특급 SUV를 내놓은 것이다. 혹자들은 "SUV에 555마력 엔진이 왜 필요한가. 그렇게 빨리 달릴 필요가 있느냐" 하고 물을 수 있다. 하지만 BMW는 별다른 말이 없다. BMW니까 그런 괴물 같은 자동차를 만든 것뿐이다.

2013년에 출시된 BMW X6.

왜 유독 한국 수입차 시장에서 강할까

 요즘 판매 성장률만 따져 보면 BMW는 전 세계에서 한국이 가장 높다. 유럽·미국 같은 선진 시장에서는 벤츠에 늘 뒤졌다. 하지만 한국

그녀가 타고 떠난 그 차

은 예외다. 1998년, 외환위기 때 상당수 수입차 업체들이 철수하거나 투자를 줄였을 때 BMW는 거꾸로 물류센터와 딜러망을 확장했다. 쉽게 끓는 냄비 같은 '다이내믹' 한국인들의 소비성향을 제대로 간파한 것이다. 여기에 독일인이 아닌 한국인 사장이 1999년 바통을 물려받아 14년째 장수하면서 독일과 한국의 특징을 잘 버무린 특유의 조직문화를 만들어냈다. BMW 코리아는 2000년부터 12년 동안 세 번(렉서스, 혼다)을 제외하고는 모두 수입차 시장에서 1위를 했다. 2012년에는 아무도 못 할 것 같은 연간 2만 대 판매를 훌쩍 뛰어넘었다. 2013년에는 신형 3시리즈까지 가세해 3만 대를 돌파했다.

더욱 눈길을 끄는 것은 독일 본사를 놀라게 하는 한국의 판매 숫자다. 2010년 이후 7시리즈 판매는 전 세계 5위(중국, 독일, 미국, 영국 다음), 5시리즈는 4위(독일, 중국, 미국 다음)다. 한국에서 가장 잘 팔리는 수입차인 520d는 전 세계 3위다. 일본은 이미 안중에도 없다. 2011년부터 판매 대수도 가볍게 일본을 제쳤다. 참고로 BMW의 전 세계 100여 개 지사 가운데 수입차 1등은 한국뿐이다.

나는 BMW가 한국 시장에서 강한 이유를 세 가지 꼽는다. 첫째는 무엇보다 강한 브랜드 파워다. 한국인에게 'BMW=럭셔리한 잘 달리는 차'라는 이미지가 강하다. 한국이 글로벌화하고, 유학생과 해외 주재원이 급증하면서 BMW는 어부지리를 얻은 점도 있다. 둘째는 한국 친화적 경영이다. 해외 어떤 자동차 업체보다 본사에서 한국에 신경을 많이 쓴다. 한국 수입차 시장의 폭발력을 누구보다 잘 이해하는 데다 한국인 사장의 세밀한 리더십이 잘 맞아떨어졌다는 점이다. 한국 소비자가 원하는 옵션을 개발하는 데 가장 적극적이고 빠른 대응력을 갖추었다. 셋째는 상품성이다. BMW는 수입차 가운데 가장 많은 제품 라인을 가지고 있다. 한때는 시장에서 판매하고 있는 차가 60종이 넘어 영업사원이 자사에 어떤 차가 있는지 모를 정도였다. 여기에 2009년 이후 '친환경=디젤=연비'라는 바람이 불면서 더욱 승승장구하고 있다. 아이러니하게도 2000년대 초까지 직렬 6기통 자연흡기 가솔린 엔진의 대명사였던 BMW가 한국에서는 연간 판매량의 70퍼센트가 4기통 디젤 모델이라는 점이다.

얄밉도록 잘 만들고, 잘 팔고, 확실한 프리미엄 브랜드 이미지까지 구축한 BMW가 시대에 맞춰 어떻게 변신하는지는 경영자라면 누구나 주목해야 할 요소다.

2007년, 독일 뮌헨 BMW 본사에서 40대 후반의 마케팅 담당 여성 임원과 유럽에서 독일 이외에 특히 프랑스의 자동차 경쟁력이 떨어진다는 주제로 이야기를 나눈 적이 있다. 한국, 독일에 비해 프랑스

BMW의 전면 디자인의 전통인 키드니 그릴은 전기차 i3에서도 명맥을 이어간다.
2014년 상반기 한국에서 판매 예정.

근로자들이 주당 36시간 일할 뿐 너무 많이 놀아 생산성이 떨어진다는 게 화제가 됐을 때다. 그는 "BMW 임원이 된 이후 거의 매일 야근이다. 토요일도 일할 때가 종종 있다. 하지만 12월에 2주일 이상 휴가는 꼭 즐긴다"고 답했다. 드라이빙 머신뿐 아니라 일하는 머신 같은 BMW라고 할까. 그래서 1등은 아무나 하는 게 아니다.

   BMW 본사가 있는 뮌헨에 가면 거리나 사람들이나 'BMW스럽다'는 느낌이 든다. 깔끔하게 정돈된 세련된 거리와 BMW는 잘 어울린다. 태어날 때부터 기계공학적인 사고를 하게끔 하는 유전자를 이어받은 독일인의 전형이랄까. 시원하게 뚫린 아우토반과 푸르른 삼림, 큰 키의 독일인들이 검약하면서도 풍요롭게 삶을 즐긴다. 이런 분위기에 BMW의 균형 잡힌, 찔러도 피 한 방울 나올 것 같지 않은 디자인은 딱 맞아떨어진다. 번잡한 파리나 한국의 서울에서 느낄 수 없는 어울림이다. 자동차는 해당 국가와 지역을 반영하는 문화 코드라는 점에서 BMW와 뮌헨을 들여다보는 것도 재미있는 시각이다.

강속구 유전자를 버릴 수 없는 드라이빙 머신

1980, 90년대 연세대와 국가대표 간판투수이자 롯데 자이언츠의 심벌이었던 고故 최동원 선수는 고급차의 선두주자인 독일 BMW와 흡사한 점이 많다.

최 선수는 강속구와 타자 앞에서 뚝 떨어지는 커브가 일품이었다. 전 타석에서 홈런을 맞은 타자와 다시 상대해도 강속구를 꽂아 넣으며 삼진을 잡아내곤 했다. 더구나 몸집이 크지 않았는데 와인드업만큼은 다이내믹하고 시원했다.

슬라이더나 포크볼 같은 다양한 구질은 없었지만 보란듯이 강속구로 삼진을 잡아내 고정 팬이 많기로도 유명했다. 나 역시 이런 최 선수 팬이라 야구장을 여러 번 찾아 빠른 볼이 보이는 포수 뒤쪽에 앉아 경기를 즐겨 보곤 했다. 최 선수는 두 가지 구질로 한국시리즈에서 혼자 4승을 거두는 세계 야구사에 전무후무한 기록을 만들어냈다. 2012년 국보급 투수라 불렸던 해태 타이거즈의 선동열 선수와 맞대결을 그린 영화 〈퍼펙트 게임〉을 보면서 눈물이 나기도 했다.

BMW도 2000년 초까지는 그랬다. '드라이빙 머신(강속구)'과 '자로 잰 듯한 핸들링(낙차 큰 커브)'이 주무기였다. 메르세데스-벤츠처럼 다양한 차종을 구비하지 않았지만, 후륜구동을 고집하면서 고속주행으로 승부를 걸었다. 그래서인지 연간 100만 대 조금 넘게 팔면서도 꾸준히 이익을 내는 강소업체였다. 여기에 고정 팬이 유난이 많은 회사이기도 했다.

그런 BMW가 2000년대 중반 고유가와 친환경 시대라는 새로운 조류를 만나면서 변신했다. 강속구 위주에서 다양한 구질의 변화구 투수로 변신한 것이다. 최강의 엔진이자 부드러움의 대명사였던 자연흡기 방식의 직렬 6기통 가솔린 엔진 대신 연비와 구동력(토크)이 좋은 디젤을 주무기로 삼았다. 여기에 가솔린도 자연흡기를 버리고 압축된 공기를 불어 넣어 출력을 높이는 터보엔진이 주류가 됐다. 친환경이라는 암초가 강속구에서 변화구 투수로 변신시킨 것이다. 요즘 전 세계 BMW 판매의 절반 이상이 디젤이다. 쌩 달리면서 날렵한 핸들링을 자랑하기보다는 연비에 치중한다. 뭔가 이상한 것은 엄청난 개발비와 기술력을 투입해 출력을 높여 놓고는 연비를 위해 다시 감소시키는 장치(이피선트 다이내믹스)까지 달고 있을 정도다.

하지만 피는 속일 수 없나 보다. BMW에 강속구 자존심이란 유전자는 신차가 나올 때마다 곳곳에 남아 있다. 친환경 세상을 한탄하는 것이 만사가 아니다. 강속구의 BMW 유전자를 고집하며 강력한 가솔린 엔진으로 승부를 거는 게 바로 M시리즈다. M은 서킷을 시속 300킬로미터로 질주하는 모터스포츠의 첫 글자다.

BMW의 M은 벤츠 AMG와 오랜 세월 경쟁을 이어온 고성능 브랜드다. M은 1972년, 레이싱 경험이 많은 직원 35명으로 구성된 모터스포츠 부서로 출발했다. 자동차 레이스에서 탁월한 성과를 내면서 M의 규모와 위상도 빠르게 성장했다. 급기야 1993년에 분사해 자회사로 거듭났다.

1980년대만 해도 M은 BMW 가운데 스포츠카 성격이 두드러진 모델만 추려 고성능 버전을 만들었다. 그러나 이젠 범위를 한껏 넓혔다. 급기야 2010년에는 거대한 덩치의 스포츠유틸리티SUV인 X5와 X6마저 손댔다. 현재는 7시리즈와 X1, X3을 제외한 전 차종을 아우른다. 맞상대 AMG를 의식한 결과다.

BMW의 M은 전형적인 독일 병정을 연상시킨다. 감성에 호소하기보다 철저한 기술로 승부한다. BMW만의 핸들링도 빼놓을 수 없는 장점이다. 그래서 심오하고 섬세한 운전이 어울린다. 20년 넘게 M을 개발해온 로란트 아스트 엔지니어는 M을 "엔진은 엑셀을 밟는 만큼 1분당 1만 회전수RPM가 넘는 까마득한 고회전에서도 활기차게 움직인다. 레이싱카 수준의 기계적 완성도에서는 경쟁 차 중에 최고일 것"이라고 자랑한다.

'우릉' 하는 배기음만으로도 자동차 마니아를 흥분시키는 M이 2012년 11월 40주년을 맞았다. 독일을 세계 최강의 자동차 산업으로 탄생시키는 데 일조한 길이 20.832킬로미터의 뉘르부르그링 노드 슈라이페 서킷에서 시승 행사가 열렸다.

가장 눈길을 끈 차는 M의 효시, 1978년에 출시된 오렌지색 M1이다. 당시 BMW가 모터스포츠의 최강자였던 이탈리아 람보르기니에

모터스포츠의 최강자였던 이탈리아 람보르기니에 디자인과 차체를 위탁해 제작한 M1.

디자인과 차체를 위탁해 제작한 차량이다. 디자인부터 람보르기니 냄새가 물씬 풍긴다. 사람 신장 모양의 키드니 라디에이터 그릴과 보닛에 붙은 BMW 로고, 그리고 직렬 4기통 엔진이 BMW의 혈통이다. 서른 살이 넘은 32년 된 차를 그대로 복원해 안전장치만 추가해 서킷에서 타보는 것이다. 사실상 1970년대에 제작된 차나 2000년대 신차를 기계적으로만 뜯어보면 큰 차이가 없다. 1970년대에도 500마력에 육박하는 슈퍼카들이 줄줄이 나왔다. 달라진 점은 자세제어장치ESP 같은 반도체를 이용한 각종 안전 관련 전자제어 장비다. 전자기술이 접목돼 운전을 편하게 도와주는 각종 편의장치가 추가됐을 뿐이다.

 M1은 이슬비가 내리는 서킷을 최고 시속 180킬로미터까지 무난하게 주파했다. 코너링도 전자제어장치가 없어 빗길에 미끄러지면 중

심을 잡기 어려웠을 뿐 수준급이었다. 역사상 가장 성공적인 고성능 차이자 오늘날 M의 성공을 가져다준 1986년산 첫 M3도 시승차로 나왔다. 1톤이 조금 넘는 중량에 195마력을 내는 2.3L 직렬 4기통 엔진을 얹었다. 가벼운 중량 덕분에 출력이 제대로 전달될 뿐 아니라, 코너링도 일품이다. 차체와 엔진의 궁합이 절로 느껴진다.

 2011년에 나온 M5는 괴물 그 자체다. 4.4L V8 엔진은 무려 560마력을 낸다. 연비도 수준급이다. 서킷이 아닌 일반도로에서 살살 밟아주면 7km/L가 넘게 나온다. M5는 4도어 세단에 트렁크도 넓어 출퇴근뿐 아니라 주말 레저용으로 쓰임새가 폭넓어 차를 좋아하는 전문직들이 선호한다.

고성능차란

 통상 자동차 업계에서는 이런 차를 고성능차Hi-Performance Car로 분류한다. 주로 독일 업체가 대표적인데, 메르세데스-벤츠 AMG, BMW M, 아우디 RS, 폴크스바겐 R시리즈가 여기에 속한다. 미국 크라이슬러의 SRT도 비슷한 급이다. 현대차도 제네시스 쿠페를 필두로 고성능차 개발에 관심이 많다.

 이들 업체가 만드는 고성능 버전의 공통점은 외관 디자인은 90퍼센트 이상이 일반 대중차와 똑같다는 점이다. BMW 3시리즈 세단이나 M3의 외관은 두꺼운 타이어와 M 로고를 제외하고는 쌍둥이처럼

2012년에 출시된 BMW M3.

 닮았다. 하지만 성능은 확연히 차이가 난다. 이 때문에 평상시 얌전하게 출퇴근하고 주말 가족용으로 쓰다가 갑자기 '필feel'을 받으면 전문 레이서로 변신을 가능하게 해주는 차다. 양의 탈을 쓴 늑대라고나 할까. 뻥 뚫린 고속도로에서 엑셀을 살짝 밟아주면 시속 200킬로미터를 손쉽게 넘긴다.

 2000년대 초반, 고유가가 휩쓸고 지나간 이후, 또 2008년 금융위기 이후 세계 자동차 업계를 휩쓰는 화두는 '친환경'이다. 모두 연비에 신경을 바짝 쓴다. 예전 같으면 1억 원대 차량을 구입하는 소비자는 통상 최고 마력 같은 성능이나 고급 소재만 따졌는데, 요즘은 연비까지 꼼꼼히 챙긴다.

친환경 시대에 미운 오리새끼가 돼야 할 고성능차가 오히려 '황금알을 낳는 거위'가 됐다. 신자본주의의 영향일까. 1억 원이 넘는 이런 차를 살 수 있는 부자가 늘어서다. IT와 금융 부자뿐 아니라 브릭스 BRICs 국가에서 자원개발로 대박난 부자들이 이런 차의 주 고객이다. 돈은 넘쳐나지만 페라리, 람보르기니 같은 차는 매일 몰고 다니기에 부담스러울 뿐 아니라 주변의 시선을 너무 끈다. 남과 다른 것은 강조하고 싶지만 그렇다고 부담스럽지 않은, 똑똑하고 괴력을 발휘해 주는 차가 바로 고성능차다. 부자들의 눈길을 끌기 충분하지 않은가.

이런 고성능차의 또 다른 장점은 대량생산하는 양산차가 기본 뼈대라는 점이다. 최고급 슈퍼카보다 가격이 절반 정도로 저렴(?)해 통상 9,000만~3억 원 정도다. 페라리가 5억 원을 훌쩍 넘는 것에 비하면 아주 착한 가격이다. 여기에 양산차 개발에 쌓은 노하우가 그대로 녹아들어 똑같은 수준의 품질과 안전, 서비스를 보장한다. 고성능인 만큼 고속에서 이겨낼 수 있는 차체 강성과 엔진은 튜닝한다. 아울러 쌩 달리는 만큼 브레이크 성능은 양산차보다 두세 배 강력하다.

BMW M시리즈 이외에 각 브랜드 별로 고성능 버전의 성향은 뚜렷한 차이가 있다. 메르세데스-벤츠의 고성능 버전 AMG는 벤츠 출신 엔지니어 둘이 의기투합해 1967년에 설립했다. AMG는 처음 메르세데스-벤츠와 아무 상관없는 독립회사였다가, 2005년 벤츠가 자회사로 편입시켰다. 기술력과 노하우를 인정했기 때문이다.

AMG는 벤츠 거의 전 모델을 고성능 버전으로 만들지만, 초보 운전자도 다룰 수 있는 쉬운 운전을 추구한다. 하지만 배기음만큼은 레이싱카 수준이다. 가속페달을 밟는 깊이에 따라 머플러도 정확히 반응한다. 조용하다가 별안간 펑펑 터진다. AMG는 향후 5년 내에 차종을 현재의 22개에서 30개까지 늘릴 계획이다.

아우디의 고성능차 RS는 M과 AMG에 비해 좀더 모터스포츠에 가깝다. 1983년에 처음 나온 RS는 독일어로 '모터스포츠'의 약자다. 경쟁사와 달리 전부 사륜구동 방식이며, 연간 7,000대 정도 생산한다. 국내 시판하는 RS5는 V8 4.2L 자연흡기 직분사로 450마력을 낸다. 여기에 변속이 빠른 자동 7단 S트로닉을 짝지었다. 시속 100킬로미터까지 도달하는 시간이 4.5초밖에 안 걸린다. 특별한 운전 기술이 없어도 누구나 쉽게 다룰 수 있다.

폭스바겐은 대중차지만 고성능 버전 R시리즈를 만들었다. 대표는 2012년 국내에 선보인 시로코R이다. 엔진은 직렬 4기통 2.0L 가솔린 터보 직분사로 골프 GTI와 같은 구성이다. 하지만 출력은 265마력으로 GTI보다 54마력이나 더 높다.

크라이슬러의 SRT는 '스트리트&레이싱 테크놀로지'의 머리글자다. 크라이슬러 코리아가 2012년 출시한 300C SR8은 외관은 300C와 거의 똑같은데 엔진은 V8 6.4L로 세 단계나 올렸다. 472마력을 내고 시속 100km 가속을 4초대에 마치는 괴물이다.

BMW를 그만두고
자신의 회사를 설립해
디자인 혁신 이끈
크리스 뱅글

2000년 이후, BMW 디자인에 혁혁한 영향을 미친 사람은 크리스 뱅글Chris Bangle 총괄 디자이너다. 나와는 10여 년간 열 차례 넘게 만나며 교유交遊 해왔다.

1992년부터 2009년까지 BMW의 디자인을 이끈 그는 훌륭한 기계적인 차를 만들던 BMW에 감성을 불어넣어 멋쟁이 자동차 회사로 끌어올린 인물이다. 얼굴이 너무 추워서 턱수염을 기른다는 그는 세계에서 가장 재미있게 말하는 디자이너로 꼽힌다.

2002년 해외 모터쇼에서 그와 만났을 때 '아 BMW가 그렇구나' 하고 단번에 이해되는 이야기를 들은 적이 있다.

"BMW는 새로운 차의 품평을 주행 시험장에서 하더라고. 1990년대 말 지평선이 보이는 광활한 주행 시험장에서 회장이라는 사람이 나를 태우고 구토가 나올 때까지 차를 '부앙~ 끽~'(뱅글은 늘 의성어와 의태어를 듬뿍 섞어 말한다. 제스처도 무척 크다) 잡아 돌렸지. 운전을 그렇게 잘하는 사람은 처음 봤어. 차에서 내릴 때 다리가 후들거렸거든."

보통의 자동차 회사는 품평회에서 이런 짓을 안 한다. 신차 품평이라는 것은 꽤 엄숙한 분위기에서, 주로 높은 분이 이야기하고 낮은 사람은 받아 적는 분위기다. 대부분 실내에서 시동도 걸지 않은 채 이루어진다. 주행을 위한 품평이라면 주행 시험장으로 나가지만, 어느 누구도 어지럼증을 느낄 정도로 잡아 돌리진 않는다. 더구나 회장이 디자인 총괄을 태우고 잡아 돌리는 일은 거의 없다. 그렇게 운전을 잘하는 회장도 드물뿐더러, 그렇게 제대로 달려줄 차를 만들 회사도 몇 안 되기 때문이다. 후들거리는 다리를 잡고 차에서 내리는 뱅글에게 BMW 회장은 이렇게 말했다.

"BMW는 이런 차야. 이런 느낌을 디자인하라고."

뱅글의 대표작은 2001년에 출시된 7시리즈다. 그가 BMW의 디자인 헤드를 맡고 처음 내놓은 차다. BMW가 추구해온 '직선의 단순미'를 파괴한 혁신적 디자인이었다. 치켜 올라온 엉덩이를 연상시키는 트렁크 라인은 경쟁 모델인 메르세데스-벤츠 S클래스보다 차체를 커 보이게 했다. 하지만 보수적이던 BMW 팬들은 간결미를 추구하는 BMW답지 않다며 '뱅글 버트(Butt는 엉덩이라는 뜻)'라고 혹평했다. 뱅글의 테러라는 비난까지 나왔다. 하지만 결과는 대성공이었다. 7시리즈에서 추구한 새로운 디자인 요소, 즉 위엄과 존재감은 대박을 냈고, 세계 자동차 디자인계에도 큰 영향을 미쳤다. BMW는 뱅글의 디자인을 앞세워 5, 3시리즈를 잇따라 성공시키면서 2005년 메르세데스-벤츠의 판매량을 추월하며 고급차 시장에서 1위에 등극했다.

2009년 2월, 돌연 잘나가던 BMW를 뛰쳐나와 가구·가전을 디자인한다던 그는, 2011년 3월 또 한 차례 한국에서 유명세를 치렀

다. 이탈리아 와인 농장을 사들인 뒤 새 디자인을 구상하던 그를 현대차가 영입한다는 일부 언론 보도가 있었기 때문이다. 현대차가 그에게 의사를 타진한 것은 사실이지만, 결과적으로 오보였다. 전혀 의외의 곳인 삼성전자에 둥지를 틀었기 때문이다. 그를 데려오려면 연봉만 수십억 원을 줘야 하는데, 이런 파격적인 대우는 현대차 경영문화와 어울리지 않았다. 뱅글은 삼성전자와 스마트폰

그녀가 타고 떠난 그 차

1972년부터 시작된 BMW 5시리즈의 진화.

같은 특정 프로젝트를 단기간 맡는 용역 계약을 했다. 계약금은 수십억 원에 달했고 사장급 대우를 받은 것으로 알려졌다. 그는 세계 자동차 업계 유명 디자이너 중 몇 안 되는 미국인이다. 유럽세가 점령한 자동차 디자인 업계에 그만큼 희소성이 있다. 삼성전자는 그가 디자인한 'IT 제품'이라는 이름만으로도 미국에서 재미를 볼 수 있다고 기대했다.

2003년에 출시된 BMW Z4.

    뱅글은 위스콘신 대학에서 영문학을, 캘리포니아의 명문 패서디나 아트센터에서 디자인을 전공했다. 인문학 배경 덕분인지 달변가다. 그의 디자인 세계는 한마디로 깊이 있고 상식을 깨는 것으로 요약된다.
    2005년, 서울을 방문해 삼성 리움 미술관에서 만났을 때다. 스포츠카 Z4 디자인에 대해 "미스터 김, 이 차의 옆면을 보면 이브가 선악과를 따먹고 부끄러워하는 모습이 느껴지지 않나요"라는 질문을 던졌다. 처음에는 그저 썰렁한 농담인 줄 알았다. 하지만 그는 진지한 표정으로 몇 번이나 같은 질문을 되풀이했다. 차츰 이브가 부끄러워하는 모습이 머리에 그려지는 것 같았다. 이어 볼펜을 꺼내 내 취재수첩에 Z4의 이브 형상을 쓱쓱 그려주기도 했다. 그는

그녀가 타고 떠난 그 차

이처럼 직관으로 이해하는 디자인보다 신화나 전설을 담아내는 디자인을 만들려 애쓰는 듯했다.

뱅글의 디자인 세계는 '깊이가 있고 상식을 파괴하는 것'이라고 감히 요약할 수 있다. 스타일이나 트렌드에 기반한 디자인은 별로 좋아하지 않지만 인류와 문화, 특히 사람에 기반한 통찰력이 돋보이는 디자인이라는 점이다. 그가 인문학을 전공했다는 게 다른 디자이너와 다른 점이라고 볼 수 있다.

이탈리아 **람보르기니**

2

자동차
마니아의
드림카

'페라리 타도!'를 외치는 이탈리아 슈퍼카의 양대 산맥

이탈리아 슈퍼카 브랜드의 양대 산맥인 람보르기니는 종종 페라리와 비교된다. 시속 300킬로미터를 넘나드는 슈퍼카 시장의 라이벌이지만, 타보면 차이를 확 느낄 수 있다. 수치로 성능을 비교하는 건 의미가 없다. 성능의 우위가 아니라 유전자가 다를 뿐이다.

길거리에 나오면 두 차량 모두 도로를 마비시킨다. 눈길을 사로잡아서다. 워낙 독특하게 디자인된 데다가 엔진 굉음이 장난이 아니다. 주차를 하고 차에서 내릴 때 쏟아지는 시선과 존재감은 더욱 도드라진다.

1970년대 '슈퍼카'라는 말을 처음 만들어낸 람보르기니에는 날카로움과 여유로움의 상극이 존재한다. 엔진의 굉음은 페라리보다 한수 위다. 디자인 존재감도 너무 뚜렷하다. 도어 역시 가위질하듯 위로 빗겨 열린다. 땅바닥에 납작 붙은 차체는 수려한 자태를 뽐낸다.

람보르기니는 운전자가 조금만 딴 짓을 해도 신경질을 부린다. 뻥 뚫린 도로에서는 마치 태풍의 눈으로 들어가는 것처럼 여유로운 질주를 허용한다. 하지만 도로 상태가 조금만 나쁘면 패닉이다. 작은 요철을 밟은 충격도 거의 그대로 머리부터 다리까지 전달한다. 아파트 둔덕에 바닥이 긁히기 다반사다. 페라리보다 람보르기니가 더 운전하기 까다롭다는 것은 두 차를 모두 타본 팬들이라면 고개가 끄덕여질 포인트다. (두 차를 모두 운전해봤다.)

반면 페라리는 부드러움 속에 강인함을 추구한다. 디자인만 봐도 그렇다. 그렇다고 여유롭진 않다. 한 순간도 긴장을 풀지 못하게 온 정신을 잡아 뺀다. 특히 레이싱에 익숙한 승부사 기질이 번뜩인다. 서킷을 가장 빨리 달릴 수 있는 기술로 똘똘 뭉쳤다. 실내는 고급스럽고 무척 편안하다. 장거리 투어용인 스카글리에티를 빼면 노면의 충격을 거의 그대로 받아들인다. 대신 도로와 바퀴 사이에 껌을 붙여 놓은 듯 제대로 달라

그녀가 타고 떠난 그 차

가위질하듯 도어가 위로 빗겨 올라가는 무르시엘라고.

붙는 맛은 일품이다.

컬러도 너무 다르다. 페라리는 전통적으로 이탈리아 레이싱을 대표했던 붉은색이 대부분이다. 당시 서킷에서 경쟁하던 독일은 실버,

　영국은 그린, 프랑스는 블루였다. 후발주자인 람보르기니의 컬러는 노랑부터 주황, 초록, 검정까지 톡톡 튄다. 자체 조사 결과, 고객들이 람보르기니를 고른 첫 번째 이유는 디자인에 있다고 한다.
　엔진 소리에서도 차이가 난다. 페라리는 마치 레이싱카와 같은 소리를 낸다. 엠블럼의 경주마처럼 경쾌한 느낌이다. 고회전일 때는 소프라노처럼 끝이 날카로워 고막을 파고든다. 반면 람보르기니의 음

그녀가 타고 떠난 그 차

페라리와 람보르기니는 운전이 쉬운 편이라 '여성을 위한 슈퍼카'라는 별명이 있을 정도다.
사진은 시저스도어를 단 무르시엘라고.

색은 두텁고 묵직하다. 엔진 회전수를 높이면 소프라노보다 바리톤 고음에 가깝다. 엠블럼 속 투우소가 마지막을 향해 돌진하며 울부짖는 듯하다.

두 차 모두 자동차 영역을 넘어서 일종의 고급 수집품이다. 저렴한 모델이 2억 원대부터 6억 원을 넘는 것도 있다. 유지비도 월 수백만 원에 달한다. 그래서인지 두 차량의 구매 고객들은 연간 평균 현금 소득만 50만 달러(약 3억 5,000만 원)를 넘는다고 알려져 있다. 수억 원 연봉의 고소득자에게도 이들 차량은 꿈인 셈이다.

  2000년대 들어 공통분모가 생겼다. 요즘은 두 차 모두 쉽게 운전할 수 있게 변신 중이다. '슈퍼카는 운전이 어렵다'는 선입견을 지닌 슈퍼 부자들의 지갑을 열기 위해서다. 편하고 기분 좋은 주행을 위해 전자장비를 대거 장착했다.

미래에서 온 로봇, 가야르도

  람보르기니 한국 공식 임포터인 '람보르기니 서울'은 2013년 8월 6일 놀라운 무기(?)를 선보였다. 슈퍼카 가야르도 가운데 가장 비싼 장비로 무장한 'LP570-4 슈퍼레제라 에디지오네 테크니카'가 바로 그것이다. 무슨 이름이 이렇게 어렵냐고? 그렇다고 이름을 끝까지 외울 필요는 없다. '가야르도'만 알면 된다.

  가장 눈에 띄는 변화는 대형 뒷날개(리어윙)와 고열에도 견디는 카본-세라믹 기술이 적용된 브레이크 시스템이다. 둘 다 원재료만 수백만 원 이상 하는 최경량 소재다. 모두 수작업으로 조립하는 이 차는 본인만의 컬러나 소재를 택할 수 있다. 차량 곳곳에 자신의 이름도 새길 수 있다.

  거대한 리어윙은 폼으로 단 게 아니다. 기능적으로 중요하다. 자동차는 시속 200킬로미터 이상이 넘으면 부력이 발생한다. 무슨 얘기냐고? 비행기처럼 날아가려는 힘이 생긴다는 말이다. 도로에서 차가 뜨지 않고 접지력을 유지하면서 달리려면 거꾸로 위에서 아래로 차체를 눌러주는 '다운 포스'가 발생해야 한다. 고속에서 이런 힘을 만들어주는 게 리어윙의 역할이다. 람보르기니는 살짝만 밟아도 시속 250킬로미터 이상을 가볍게 넘긴다.

  이 차에는 5.2L V형 10기통 엔진이 달려 있다. 최고 출력 570마력의 폭발적인 성능을 낸다. 시동을 걸면 처음부터 묵직한 바리톤 사운드를 들려준다. 6단 수동겸용 자동변속기에 바퀴 넓이가 어른 손으로 두 뼘은 되는 이탈리아 피렐리의 고성능 타이어와 맞물렸다. 정지 상태에서 시속 100킬로미터까지 가속하는 데 불과 3.4초가 걸린다. 최고 시속은 325킬로미터가 나온다. 연비는 1리터당 5킬로미터 수준이다. 서킷에서 급가속을 계속하면 2~3킬로미터 수준으로 떨어진다. 그러나 슈퍼카는 연비보다 더 빨리 가속하는 데 중점을 둔다.

  '람보르기니 서울' 이동훈 사장은 "가야르도는 람보르기니 역사상 가장 성공한 모델"이라며 "에디지오네 테크니카는 돋보이는 디자인에 서킷 레이싱 기술을 그대로 옮겨놓았다"고 설명했다. 국내 판매 가격은 3억 원대 후반이다.

트랙터 재벌이 만든 슈퍼카

  람보르기니는 무모하리만큼 페라리를 의식했던 치열한 역사를 가

LP570-4 에디지오네 테크니카는 람보르기니 가야르도 가운데 가장 비싼 장비로 무장한 슈퍼카 중의 슈퍼카다.

지고 있다. 창업자 페루치오 람보르기니와 얽힌 창업 일화를 들으면 쉽게 공감할 수 있다.

페루치오는 1916년 이탈리아 북부 기계공업 도시인 모데나에서 태어났다. 그의 생일이 황소자리라 엠블럼에 황소를 그려 넣었다. 람보르기니 슈퍼카의 이름도 전설적인 투우사의 자존심을 짓밟은 싸움소에서 따왔다.

그는 세계 최초의 대학으로 유명한 볼로냐 공대를 졸업한 뒤 2차 세계대전 때 공군에서 기술자로 근무했다. 전쟁이 끝나고 페루치오

그녀가 타고 떠난 그 차

는 고향에 돌아와 버려진 영국군 트럭을 개조해 농사용 트랙터를 만들었다. 이 사업이 대박이었다. 얼마 지나지 않아 이탈리아 최대의 트랙터 메이커가 됐다. 1960년엔 히터와 에어컨까지 제조하면서 이탈리아를 대표하는 기업인으로 변신했다.

 속도광이었던 페루치오는 페라리부터 재규어, 벤츠, 마세라티 스포츠카를 여러 대 소유했다. 하지만 어떤 차도 만족하지 못했다. 성능은 좋아도 클러치에서 나는 소음이 문제라는 식이었다. 특히 클러치가 종종 말썽을 일으키는 페라리 250GT에 불만이 많았다. 차를 뜯어봤더니 클러치는 그의 트랙터에 납품하는 회사 제품이었다. 얼마 뒤 페루치오는 페라리 창업자인 엔초 페라리를 만나 클러치 문제를 이야기했다. 한 성격 했던 엔초 페라리는 발끈하면서 "이러쿵저러쿵 불평하지 말고 트랙터나 모시지"라며 망신을 줬다.

 화가 단단히 난 페루치오는 직접 스포츠카를 만들기로 결심했다. 람보르기니의 시작은 이런 오기에서 비롯됐다.

 1963년 5월 트랙터 회사가 있는 산타 아가타에서 자동차 회사 '람보르기니'가 문을 열었다. 페라리의 본사 마라넬로에서 그리 멀지 않은 곳이었다. 그는 화끈한 외모와 성격답게 최고만 고집했다. 공장도 최첨단으로 짓고 '타도! 페라리'를 목표로 내세웠다. 페라리를 이기기 위해서라면 어떤 대가도 마다하지 않았다. 무엇보다 페라리보다 크고 좋아야 했다. 배기량은 당연히 더 컸다. 페라리가 실린더마다 밸브가 두 개면, 람보르기니는 네 개씩 달았다. 페라리의 변속기가 4단이면, 람보르기니는 5단으로 치고 나갔다.

  1964년 제네바 오토쇼에 최초의 람보르기니 350GT가 선을 보였다. 무게를 줄여 속도를 더 내기 위해 속을 비운 강철 뼈대에 알루미늄 합금 껍데기를 씌웠다. 람보르기니만의 특허인 '슈퍼 레제라(슈퍼라이트)' 공법이었다. 차 무게가 1050킬로그램에 불과했다. 엔진은 V12 3464cc 270마력 자연흡기 가솔린 엔진에 5단 수동변속기를 달았다. 당시로는 어마어마한 시속 100킬로미터까지 가속을 6초대에 끊고, 최고 시속은 244킬로미터를 냈다. 이때만 해도 외관 디자인이 유별나지 않았다.

  1966년에는 디자인으로 유명한 전설의 스포츠카 미우라가 나왔다. 서킷 경주차에나 쓰던 미드십(엔진을 좌석 뒤에 얹는 구조)을 양산차로 옮긴 첫 시도였다. 실내에 굉음의 엔진음이 살아 있는 것처럼 들리면서 막강한 주행 능력이 더해졌다. 미우라 이후 페라리를 포함한 수많은 스포츠카에 미드십이 도입됐다.

  '람보르기니=슈퍼카'를 각인시켜준 것은 1974년 선보인 '쿤타쉬'다. 한국에서는 '카운타크'라는 영어식 발음으로 더 알려져 있다. 쿤타쉬는 이탈리아 사투리로 젊은 한량들이 절세 미녀를 발견했을

1964년, 제네바 오토쇼에서 처음 선보인 최초의 람보르기니 350GT.

때 내지르는 감탄사다. 이탈리아 자동차 전문 업체 베르토네의 디자이너 마르첼로 간디니가 디자인한 이 차는 흡사 변신로봇처럼 미래지향적인 모습을 갖추었다. 가위처럼 빗겨 열리는 도어는 람보르기니의 상징이 됐다.

 람보르기니는 자동차광들에게 유명해졌지만 사업은 신통치 않았다. 트랙터 사업 부진과 석유 파동이 겹치면서 1972년 페루치오는 자동차 사업에서 손을 뗐다. 이후 람보르기니는 파산해 여러 번 주인이 바뀌었다. 1987년 크라이슬러 회장 리 아이어코카가 람보르기니를 인수해 쿤타쉬 후속으로 뒷바퀴 굴림의 디아블로 개발에 나섰다. 이번 디자인의 밑바탕도 간디니였다. 크라이슬러는 람보르기니의 미래지향적인 디자인에 공기역학 기술을 접목했다.

람보르기니 쿤타쉬는 슈퍼카 역사에 굵은 획을 그으면서 페루치오의 한을 풀어준 모델이라는 평을 받는다.

1990년 드디어 디아블로가 베일을 벗었다. V12 5.7L 499마력 엔진을 얹고 정지 상태에서부터 시속 100킬로미터까지 4초대에 끊었다. 최고 시속은 325킬로미터가 넘었다. 가격은 무려 24만 달러였다. 디아블로는 배기량을 6.0리터까지 키워 2001년까지 생산됐다.

거리 마비시키는 '존재감' 가야르도

람보르기니는 1997년 독일 아우디의 품에 안기면서 제2의 전성기

그녀가 타고 떠난 그 차

를 맞았다. 1998년 424대 판매에서 이듬해 1,000대를 돌파(1,305대)했다. 2006년부터 2,000대를 넘겼고 지금까지 연간 3,000대 조금 못 미치는 판매를 기록하고 있다. 페라리의 연간 판매는 6,000대 정도다.

아우디의 첫 람보르기니인 '무르시엘라고'는 가위 도어로 유명해졌다. 스페인어로 '박쥐'라는 뜻으로 투우 경기에서 24번이나 칼을 맞고도 쓰러지지 않은 전설의 황소 이름이기도 하다. 12기통 엔진에 네 바퀴 굴림으로 달린 무르시엘라고는 '슈퍼카=운전이 까다로와 어깨가 아픈 차'라는 선입견을 과감히 깼다. 누구나 슈퍼카를 운전할 수 있게 해준 전자장비의 도움이었다.

2003년 나온 가야르도는 무르시엘라고와의 차별을 위해 가위 도어는 달지 않았지만 디자인은 더 혁신적이었다. 5.2L V10 엔진을 달고 550~570마력을 냈다. 손쉬운 운전을 위한 편의장비를 많이 갖추면서 '나도 타보고 싶은 슈퍼카'로 저변을 넓혔다.

2011년에는 현존하는 람보르기니 최강 모델인 이벤타도르 LP700-4가 출시됐다. 람보르기니는 모델명에서 출력과 굴림 방식을 알 수 있다. 앞의 700은 700마력, 뒤의 4는 네 바퀴 굴림을 뜻한다. 무르시엘라고 후속으로 가위 도어 디자인을 전수받았다. 6.5L V12 엔진은 최고시속 350킬로미터를 낸다. 시속 100킬로미터까지 2.9초밖에 걸리지 않는다. 탄소섬유 강화플라스틱 등으로 무장해 무게를 소형차 수준인 1,572킬로그램까지 낮췄다. 가벼운데다 700마력을 내니 이 차의 주행 성능은 상상에 맡겨야 한다. 가격은 6억 원대다.

여러 번 기회가 생겨 가야르도 LP560-4를 타봤다. 우선 몸이 차 시트에 쏙 파묻혔다. 도어가 두껍고, 차체는 뒤로 갈수록 넓어져 옆과 뒤 시야가 딱히 좋은 편이 아니었다. 주차할 때는 차폭 가늠이 쉽지 않아 특히 주의를 요했다. 람보르기니를 타는 것은 대낮에 벌거벗고 뛰는 것과 비슷하다. 주위의 시선과 관심이 순식간에 집중된다. 그래

현존하는 람보르기니의 최강 모델 이벤타도르 LP700-4.

서 이 차는 보일 듯 말 듯 '쌩' 달려야 한다. 운전은 까다롭지 않지만 핸들은 묵직했다. 정체를 만나면 거의 고문에 가까운 고통이 뒤따랐다. 거센 엔진 힘을 가늠하기 쉽지 않았다. 급가속, 급제동, 급회전에 가야르도는 마치 분신처럼 따랐다. 가야르도에는 아우디의 알루미늄 섀시 기술이 스며들어 있었다. 평소에는 앞뒤 구동력 비율을 3대7로 나누지만, 도로 상황에 따라 실시간으로 바꾼다. 브레이크는 무척 민감하고 무거웠다. 두 시간 정도 운전하면 거친 운동을 전력으로 한 느낌이 절로 난다. 어깨와 다리가 후들거릴 정도였다. 반나절 신나게 달려보는 것은 짜릿하지만 매일 탄다면 그건 고문에 가까운 일이다. 한 달 이내에 무릎이나 허리가 절단 날 수 있기 때문이다.

영국 **랜드로버**

3

럭셔리
사륜구동 SUV의
결정판

오프로드를 정복한 최강의 자동차

2013년 연말 분위기가 물씬한 요즘, 서울 강남에서 가장 많이 보이는 대형 SUV는 단연 레인지로버다. 워낙 덩치가 커 쉽게 눈에 띄는 데다 폭이 넓어 웬만한 주차선 두 개를 차지한다. 이 차가 처음 출시된 게 2013년 3월이다. 대당 가격이 1억 5,000만 원이 넘는데도, 매달 100대 이상 팔려 나간다. 이는 요즘 강남에서 가장 '핫'한 수입차가 레인지로버라는 사실을 방증하는 것이다.

레인지로버3.0 디젤 모델은 영국 다음으로 한국이 가장 큰 시장이라는 이야기가 나올 정도로 국내에서 폭발적인 인기를 누리고 있다. 주문한 뒤 4~5개월을 기다려야 받을 수 있을 정도다. 이 차가 나오기 전 강남 부자들의 SUV는 포르쉐 카이엔이었다. 카이엔 역시 덩치가 커 주위를 압도한다. 공통점은 상당수 운전자가 여성이라는 점이다. 카이엔이 잘 팔린 게 2010년부터이니 3년 정도 탄 뒤 레인지로버로 갈아타는 사람이 늘고 있다는 추측이 나온다. 레인지로버는 한국

뿐 아니라 전 세계 시장에서 물량이 달릴 정도다. 특히 중국에서는 없어서 못 파는 차로 연일 상종가다.

최상층 부자들의 뒷좌석 전용차(소퍼 드리븐) 하면 롤스로이스나 벤틀리 같은 영국 명차가 떠오른다. 럭셔리 대형 세단하면 메르세데스-벤츠 S클래스, 고급 스포츠카 하면 페라리 같은 차가 대표적이다. 그렇다면 부자들의 스포츠유틸리티차량(SUV)은 어떤 차일까. 영국 최대 자동차 회사였던 로버가 만든 랜드로버의 '레인지로버'가 정답이다. 랜드로버는 창사 이래 SUV 외길만 걸어왔다. 레인지로버는 랜드로버의 럭셔리 모델 이름이다. 토요타의 고급차 브랜드 렉서스와 비슷한 형태다.

랜드로버의 성공 비결은 뚜렷한 색깔에서 찾을 수 있다. 랜드로버를 되뇔 때 떠오르는 이미지는 언제나 같다. 모험과 캠핑 그리고 대자연이다. 언제든지 떠날 수 있도록 만반의 채비를 갖추고 주인을 기다리는 애마라고나 할까. 문을 열고 운전석에 오르면 눈이 쌓인 길이든 사막이든 마음먹은 곳은 어디든 데려다 줄 거라는 믿음이 솟는다.

랜드로버는 1990년대 이후 주인이 세 번이나 바뀌었다. 1994년 BMW가, 2000년에는 포드로 그리고 2008년 인도의 타타모터스에 잇달아 인수됐다. 영국의 문화가 깊게 밴 인도 기업을 새 주인으로 맞은 랜드로버는 지금까지 제2의 전성기를 맞고 있다. 타타는 랜드로버 영국 디자인센터와 연구개발 부서, 생산공장을 그대로 뒀다. 랜드로버의 유전자인 영국풍에 일절 손을 대지 않은 것이다. 랜드로버에는 영국 귀족의 유전자가 그대로 살아 있다.

농부의 전용차에서 시작한 레인지로버

랜드로버의 뿌리는 영국 최대의 자동차 회사였던 '로버Rover'다. 이름의 절반이 겹치는 데서 짐작할 수 있듯 랜드로버는 로버의 계열 브랜드였다. 로버는 '떠돌이' 또는 '유랑자'를 뜻한다. 그래서인지 이름처럼 살았다.

로버는 1980, 90년대 고질적인 품질 문제로 판매가 부진해 부도 위기에 몰려 1996년 독일 BMW에 인수됐다. 새 주인인 BMW마저 로버 경영 재건에 실패해 2000년 공중분해됐다. 로버는 1990년대 전륜구동의 명가인 혼다와 기술제휴로 다양한 세단을 생산했다. 그러다 결국 여기저기 주인을 찾다 사라졌다.

로버의 뿌리는 자전거 회사였다. 1878년 존 캠프 스탈리와 윌리엄 서튼이 영국 코벤트리에서 로버를 창업했다. 스탈리는 1885년 두 개의 바퀴를 달고 체인으로 뒷바퀴를 굴리는 '로버 자전거'를 개발했다. 당시 자전거의 일반적인 모습은 세 개의 큰 바퀴를 단 '트라이시클'이었다. 스탈리의 자전거는 바퀴 수가 하나 줄었지만, 여느 자전거보다 오히려 더 안정적이었다. 당시 "자전거의 새로운 기준을 세웠다"라는 평가를 받았다.

1904년 스탈리는 자동차 제조에 뛰어들었다. 당시 유럽에서는 자전거 회사가 자동차 회사로 변신하던 중이었다. 로버가 내놓은 첫 차는 '로버8'이다. 1919년에는 공랭식 수평대향 2기통 998cc 엔진을 얹은 소형차를 내놓았다. 이름은 그대로 로버8이었다. 저렴한 가격으로

1948년에 출시된 랜드로버 시리즈 I은 영국 농부들의 사랑을 받아 1년만에 로버 승용차의 판매량을 추월했다.

당시 인기 소형차였던 오스틴 세븐을 추격하며 1925년까지 1만 7,000대 이상 팔렸다.

로버는 2차 세계대전 기간 군수업체로 변신해 성장을 이어갔다. 군용차와 전투기 엔진까지 생산하던 로버는 전쟁 때 만들던 설비를 이용해 농업에 적합한 차량을 개발하기로 결심했다. 버려진 군수공장과 물자를 활용하기 위해서였다. 랜드로버 역사의 시작이었다.

1946년 로버의 기술 책임자였던 스펜서와 모리스 윌크스 형제는 2차 세계대전 당시 비포장도로를 가리지 않고 전천후로 누볐던 미군의 '윌리스 지프'에 주목했다. 볏단을 나르기 좋은 농업용 지프를 만들 작정이었다. 이들은 버밍엄 근교 솔리헐의 군수공장을 자동차 공장으로 개조했다. 지프는 험로 주행 성능은 뛰어나지만, 적재공간이 부족해 농업용으로 적합하지 않았다. 구동장치는 윌리스 지프의 것을 그대로 썼다. 차체는 전투기 조립을 위해 재고가 많던 알루미늄을 이용했다. 알루미늄은 제조원가가 비쌌지만 가벼운데다 녹이 슬지 않았다.

시트는 중앙에 놓았다. 운전석이 한가운데 위치해 농부가 주변 상황을 살피며 운전하기에 용이했다. 뿐만 아니라 영국과 반대로 우측통행을 하는 나라에도 그대로 수출할 수 있었다. 1.6리터 가솔린 엔진은 55마력을 냈고 수동 4단 변속기를 통해 네 바퀴에 동력을 전달했다. 짐칸을 조금이라도 더 넓게 쓰기 위해 스페어타이어는 보닛 위에 얹었다. 1948년 '랜드로버 시리즈 I'이라는 이름으로 등장한 이 차는 영국 농부들의 사랑을 받아 1년 만에 로버 승용차의 출고량을 추월했다. 험로를 거뜬히 달리는 데다, 고치기 쉽고, 많은 짐을 실을 수 있다는 장점이 소비자들을 매료시켰다. 1952년에는 배기량을 2리터로 키워 주행 성능을 더욱 높였다. 재미난 점은 영국 귀족들이 사냥터에서 장화에 흙을 묻히지 않기 위해 개발한 레인지로버의 시조가 농부를 위한 전용차라는 것이다.

사막의 롤스로이스 레인지로버

랜드로버 시리즈 I 의 성공에 힘입어 로버는 랜드로버를 SUV 전용 브랜드로 정착시키고 1960년부터 고급화를 추진했다. 영국 귀족을 위한 SUV 전용차 제작에 들어간 것이다.

영국 귀족은 런던의 저택 이외에 별도의 '컨트리하우스'라는 별장을 겸하는 집을 갖고 있었다. 넓은 땅에 목장이 있고 작은 시내가 흐르는 대자연 속의 호화주택에 친구나 정치인들을 불러 파티를 열거나 사냥을 즐겼다. 문제는 타고 갈 차였다. 롤스로이스와 벤틀리를 몰고 가기에는 길이 험했다. 물론 미국의 지프를 흉내 내 만든 디펜더가 있지만, 고급차에 익숙해진 귀족에게는 달구지처럼 느껴졌다. 그들에게는 험로 주행 능력은 그대로 두고 고급스러우면서 아스팔트 도로를 쏜살같이 달려주는 고급 SUV가 필요했다. 1968년 초 프로젝트 팀은 양산을 위한 디자인 작업을 끝냈고, 1970년 4월 레인지로버 초대 모델을 출시했다.

미국에서 인기를 끌던 지프를 벤치마킹하던 프로젝트팀은 지프와 차별화를 시도했다. 덩치는 보다 크고 네 바퀴 굴림 방식을 채택했다. 그리고 바퀴가 위아래로 움직일 수 있도록 서스펜션의 활동 범위를 극대화시켰다. 때문에 상용차에 많이 쓰던 판스프링 대신 승용차에 달던 부드러운 스프링을 끼웠다. 험로를 달릴 때 탑승객에게 전해지는 충격을 최소화하기 위해서였다. 네 바퀴의 브레이크에는 죄다 고급스런 디스크를 달았다.

여기에 강력한 오프로드 성능은 그대로 두고 디자인은 편안한 왜건 스타일로 적용했다. 특히 높직한 위치에 자리 잡은 군용 스타일의 일명 커맨더 시트는 승용차의 낮은 시트에 익숙하던 당시 부자들에게 짜릿한 흥분 그 자체였다.

'사막의 롤스로이스'로 불린 이 차는 쾌적하고 고급스러운 사륜구동을 원하는 귀족들의 요구를 모두 반영했다. 고급스런 내장, 좋은 승차감, 빠른 스피드 등 승용차적인 요소를 만족시키면서 악천후에서는 물론 오지에서도 강력한 성능을 발휘했다. 왜건형 차체에 강력한 V8 엔진과 상시사륜구동을 조합했다. 시장의 반응은 폭발적이었다. 이 차는 전 세계 부유층이 꼭 보유해야 할 전천후 SUV의 붐을 일으켰다. 시판하기 무섭게 대기 명단이 줄을 이었다. 값은 1,998파운드로 당시 동급 차종에서 가장 비쌌다. 그래서인지 국내에서도 대기업 총수 대부분이 레인지로버를 갖고 있다.

초대 레인지로버가 대박이 나면서 로버는 랜드로버 브랜드를 독립시켜 소형부터 대형 SUV까지 라인업을 만들었다. 그리고 오프로드 성능은 살린 채 편안한 승차감을 강조하면서 도심에서도 적합한 SUV 개발로 방향을 전환했다. 대표적인 게 트럭에서 쓰던 딱딱한 프레임 뼈대를 버리고 사다리꼴 틀 위에 차체 껍데기를 얹는 방식이다. 승용차 개발에 사용되는 방식으로 무게를 줄이고 승차감을 좋게 하는 일석이조의 효과를 거뒀다.

1980년대, 레인지로버가 인기를 끌면서 부유층을 바라보는 중상층에도 럭셔리 SUV에 대한 수요가 급증했다. 랜드로버는 1989년 보급형 레인지로버 격인 디스커버리를 내놨다. 레인지로버보다 가격이 30퍼센트 이상 저렴했다. 디스커버리는 험로에서 타의 추종을 불허하는 최고의 오프로더이면서 패밀리카로 부족함 없는 실용성과 편의성을 지녀 신흥 부자들의 SUV로 순식간에 자리 잡았다.

문제는 품질이었다. 고질적인 잔고장이 랜드로버의 이미지를 갉아먹었다. '디스커버리=물 새는 차'라는 닉네임이 붙기도 했다.

2000년대 중반 랜드로버는 또 한 번 변신을 했다. 각진 거대한 덩치에 아름다움을 가미한 것이다. 2004년 출시된 디스커버리3는 랜드로버의 디자인 변혁의 시점이 되었다. 이후 랜드로버는 강력한 SUV에서 아름다운 차로 거듭났다.

2011년 나온 레인지로버 이보크는 누구보다 뛰어난 험로 주행 성능은 물론, 'SUV 쿠페'라는 감각적인 디자인을 뽐낸다. 감성품질도 꼼꼼히 챙겼다. 독일차에 견줘도 내장이나 마무리가 뒤질 게 없었다. 세계에서 가장 까다롭다는 한국의 자동차 소비자에게 레인지로버가 인기를 끄는 게 바로 그런 이유다.

랜드로버는 점점 도심형으로 진화하면서도 오프로드 유전자는 그대로 간직했다. 첨단으로 거듭났을 뿐이다. 대표적인 게 2004년 디스커버리3를 통해 선보인 '지형반응시스템'이다. 이 시스템은 현재 랜

초대 레인지로버의 위풍당당한 모습. 험로 주행뿐 아니라 아스팔트에서는 스포츠카 성능을 낸다.

드로버 모든 차종에 장착되어 있다.

개발팀은 지형반응시스템을 개발하면서 다섯 개 대륙을 넘나들며 영하 40도에서 영상 50도에 이르는 기후와 50가지 다른 지형을 꼼꼼하게 연구했다. 지형을 일반 도로와 미끄러운 노면(수풀, 자갈, 눈), 오프로드(진흙, 모래, 바위)로 나누어 각 상황에서 네 바퀴가 최대한 노면을 움켜쥐고 박찰 수 있는 방법을 고민했다. 메뉴에 따라 시스템은 차의 높이와 엔진 반응, 앞뒤 바퀴의 회전 차이를 제한하는 등 세밀하게

랜드로버는 완전히 변신한 럭셔리 SUV 디스커버리 3를 개발하기 위해 5개 대륙을 넘나들며 영하 40도에서 영상 50도에 이르는 기후와 50가지 다른 지형을 꼼꼼하게 연구했다.

분석했다. 노면에 따라 어느 정도의 헛바퀴도 허용하고, 엔진과 변속기를 굼뜨게 만들기도 했다. 어떤 도로 여건에서도 랜드로버는 가진 모든 역량을 동원해 앞으로 나아갈 방법을 찾는다. 하지만 이런 전자 장비가 많이 장착되면서 랜드로버만의 개성을 잃어버렸다는 비판이 나오기도 했다.

캠핑장의 절대 강자 디스커버리 4

나는 실제 랜드로버 디스커버리 4의 놀라운 성능을 경험했다. 2010년 1월 4일의 일이었다. 서울에 60년 만에 기록적인 폭설이 내려 승용차로 출퇴근하는 대중교통이 완전히 마비됐다. 운 때(?)가 맞았는지 마침 새로 나온 디스커버리 4를 시승하는 중이었다. 이 차를 타고 출근길에 나선 나는 이날 위풍당당이라는 말을 실감했다. 대부분 후륜구동인 고급차들이 눈길에 미끄러져 멈춰 섰을 때 디스커버리4는 전천후 활약을 했다. 국산차 가운데는 에쿠스, 제네시스 등이 길거리에 버려져 있었다. 수입차 중에도 방치된 벤츠, BMW를 손쉽게 볼 수 있었다. 이날 출근길에 디스커버리 4로 건져 올린(?) 견인차량만 네 대에 달했다. 그 가운데는 소형 학원버스 한 대도 있었다. 그야말로 놀라운 눈길 주파 능력을 보여준 것이다.

이처럼 내가 눈길에서 자유롭게 도로를 달릴 수 있었던 것은 단순히 그림만 보고 스위치를 돌리면서 조작할 수 있는 '지형반응시스템'

덕분이다. 처음 눈길 주행 능력을 반신반의하면서 출근길에 나섰지만, 솔직히 못 미더웠다. '2.6톤에 달하는 차가 길거리에서 퍼지면 어떻게 하나' 하는 걱정이 몰려왔지만, 디스커버리 4는 이런 우려를 말끔히 날려버렸다. 버튼 시동을 걸고 간단하게 지형반응 스위치를 눈길 표시가 된 곳으로 돌렸을 뿐이다. 그다음부터는 놀라운 눈길 접지 능력이 필자를 흥분시켰다. 알아서 미끄러운 눈길에서 접지력을 찾아 달려주는 능력은 한마디로 놀라웠다. 그 어떤 사륜구동차에서도 경험하지 못한 흥분이었다. 눈길 언덕 출발도 문제가 없었다. 전자제어식 브레이크가 출발을 도왔다. 일반도로에서는 다시 지형반응 스위치를 일반도로 상태로 돌리면 자동으로 조절된다.

엔진은 푸조와 공동으로 개발한 V6 3.0L 트윈터보 디젤이다. 물론 V8 5.0L 가솔린도 있다. 디젤엔진은 출력뿐 아니라 정숙성에서 세계 최고 수준이다. 2열 좌석의 경우 디젤엔진 음을 거의 들을 수 없을 정도다. 3.0L 트윈터보 디젤은 최고 255마력, 최대토크 61.2kg.m을 낸다. 8단 자동변속기를 얹고 공인 연비는 9.8km/L가 나온다. 2.6톤의 덩치를 감안하면 경제성도 뛰어난 편이다.

7인승인 이 차는 험로 주행 능력도 탁월하지만 가족들이 레저를 즐기는 데 부족함 없는 실용성과 편의성을 갖췄다. 실내를 계단식 구조로 만들어 뒷좌석 시야도 좋을 뿐 아니라, 어른 다섯에 아이 둘이 타면 '딱'이다.

당시 한창 캠핑에 빠져 있던 나는 서둘러 캠핑 전용차로 디스커버리 4 중고차를 선택했다. 이 차는 아직도 산악자전거를 즐기거나 짐

을 많이 싣는 전문 캠퍼들에게 인기가 높다. 캠핑장에 들어서면 주위 시선을 사로잡는다. 널찍한 적재공간은 물론, 눈 싸인 캠핑장도 거침 없이 올라가는 주파 능력뿐 아니라 각종 편의장치도 경쟁 독일 브랜드와 비교해 손색이 없다. 키 없이 버튼을 눌러 도어 개폐가 가능한 키리스 엔트리 시스템과 버튼 시동장치, 진흙에서 빠져나오도록 도

그녀가 타고 떠난 그 차

2010년에 출시된 디스커버리 4.

　외주는 디퍼렌셜 잠금장치, 3열 헤드 에어백, 센터 콘솔 쿨링박스에 19인치 알로이 휠이 기본이다.
　핸들을 순식간에 따뜻하게 해 장갑을 끼지 않아도 되는 스티어링 휠 열선도 장착되어 있다. 실내 인테리어는 영국 귀족풍이 물씬 풍긴다. 장인정신이 돋보이는 가죽시트에 마무리 소재 또한 최상급이다.

랜드로버는 디스커버리 3 이후 독특한 차에서 아름다운 차로 거듭났다. 사진은 4세대 레인지로버.

    2013년 등장한 4세대 레인지로버는 1억 원대 SUV 시장의 지각 변동을 가져왔다. 군더더기 없는 영국풍의 실용적 디자인에, 실내는 곳곳에 진짜 나무를 소재로 써 멋을 부렸다. 2미터가 넘는 폭을 필두로 커다란 덩치가 주변을 압도한다. 그렇다고 투박하지도 않다. 곳곳을 보면 예쁘다는 느낌이 절로 든다. 디테일 디자인의 힘이다. 레인지로버를 여성 운전자들이 좋아하는 이유가 바로 떡 벌어진 덩치 때문이라고 한다. 차체는 무겁지 않고 가볍게 반응한다. 차체를 알루미늄으로 만들면서 무게를 420킬로그램이나 줄였다. 그래도 2톤이 넘지만 생각보다 날렵하게 움직여준다. 럭셔리 SUV답게 디젤엔진의 소음을 비롯, 바람 소리나 바닥 소음 등을 잘 다스렸다. 웬만한 세단보다 정

그녀가 타고 떠난 그 차

숙하다. 3리터 디젤엔진은 258마력에 토크가 61.2kg.m로 부족함이 없다. 정지상태에서 시속 100킬로미터까지는 대략 8초가 걸린다. 에어 서스펜션을 달아 주행 여건에 따라 차체 높이가 19.5센티미터씩 오르내리는 높이 조절은 기본이다.

독일 **메르세데스-벤츠**

4

고급차의
　미래를
　제시하다

자동차의 미래를 보는 기준

나는 120년에 이르는 자동차 역사(내연기관 기준)를 크게 두 가지로 구분한다.

20세기(1900년대)는 기계공학자들이 지배했던 자동차 양산의 시대다. 성능 좋은 차를 품질 좋게 만드는 게 경쟁력의 관건이었다. 초기에는 미국과 독일, 영국, 프랑스, 이탈리아 같은 유럽 주요국이 각축을 벌였다. 그리고 후발로 일본과 한국이 뛰어들었다. 결과는 대중차에서는 대량생산과 품질관리QC라는 두 마리 토끼를 잡은 토요타가 방점을 찍었고, 고급차에서는 기술과 안전, 브랜드 가치로 대표되는 메르세데스-벤츠(이하 벤츠)가 있었다.

21세기(2000년대)에는 자동차의 전자화가 급격히 진행되면서 경쟁의 패러다임이 바뀌었다. 자동차와 IT(정보기술)가 만난 것이다. 자동차의 각종 전자기기를 운전자 또는 휴대전화와 연결해주는 인터페이스가 경쟁력이 된 것이다. 포드가 IT업계의 거장 마이크로소프트와 제휴

해 다시 살아난 것이 이러한 변화를 대표적으로 보여준다. 이런 패러다임의 변화에 휘청한 회사가 벤츠다. 안전과 고급스러움에서는 여전히 세계 정상이지만 IT와 관련해서는 전혀 앞서지 못했다. 특히 한국시장에서는 내비게이션이나 블루투스 같은 IT 기술력에서 BMW에 뒤지면서 수입차 1위의 자리를 내줘야 했다.

지난 100년간 벤츠는 '자동차의 미래를 알려면 벤츠를 보라'라는

그녀가 타고 떠난 그 차

날렵한 몸체를 자랑하는 4도어 쿠페 CLS.

문장에서처럼 앞서가는 자동차 회사의 상징이었다. 빛나는 '삼각별'의 벤츠는 1998년 미국 대중차 크라이슬러(연산 300만대)를 인수하면서 눈에 띄게 쇠락했다. 당시 세계 자동차 업계에서는 '생산량 기준 세계 빅5에 들지 못하면 살아남지 못한다'는 주장이 거셌을 때다. 하지만 이는 결과적으로 틀린 말이다. 프리미엄과 대중 브랜드의 결합은 숱한 화제를 뿌렸지만 합병 서류의 잉크가 마르기도 전에 독일과 미국 조직문화의 충돌이 거셌다. 미국 언론은 '독일 나치가 돌아왔다'면서 벤츠를 몰아세웠다. 신차 개발에서도 혼란이었다. 고급차 기술을 크라이슬러에 접목하면서 일부 모델은 저렴한 벤츠가 됐지만 두 회사의 브랜드 가치는 희석됐다.

그러자 한참 뒤처졌던 BMW와 아우디가 기회를 잡고 맹추격을 했다. 벤츠 S클래스가 독보적이었던 대형 세단 시장에 BMW 7시리즈, 아우디 A8이 야금야금 점유율을 늘렸다. 특히 BMW는 벤츠가 취약한 중소형 세단과 SUV 모델을 앞세워 2006년에는 역사상 처음으로 벤츠를 제치고 고급차 1위에 올랐다. 아우디도 벤츠의 턱밑까지 추격해 곧 따라잡을 모양새다.

벤츠에게는 크라이슬러가 독이 든 사과였다. 정신을 차린 벤츠는 10조 원 이상을 손해 보고 나서야 크라이슬러를 포기했다. 그리고 프리미엄 시장의 챔피언으로 돌아왔다. 하지만 '잃어버린 10년'은 컸다. 큰 차를 팔아 이익을 냈던 시대가 가고 소형차와 친환경차 소비층이 두터워진 것이다.

쇄신을 외친 벤츠는 가장 먼저 '나이 든 부자가 타는 큰 차'라는 이미지에서 탈피하기 위해 노력했다. 30, 40대 성공한 젊은 소비자를 끌어들이지 못하면 미래가 없다는 것을 간파한 것이다. 후륜구동만 만들던 벤츠는 소형차 개발을 위해 2000년대 초 전륜구동 모델을 내놓았다. 차고가 높은 해치백 스타일의 A·B클래스가 그것이다. 10여 년간의 숙련을 거치며 2012년과 2013년에는 '전륜구동도 벤츠가 만들면 다르다'는 것을 보여줄 만한 신형 A, B클래스를 출시했다. 엔진을 전륜구동에 맞도록 처음으로 가로배치로 바꿨다. 승차감을 좌우하는 서스펜션도 잘 숙성해 코너링도 날렵하게 했다. 키는 낮추면서도 실내공간은 더 넓게 다듬었다. 벤츠가 바뀐 시대에 제대로 적응하는 첫 작품을 내놓은 것이다.

지금까지 벤츠가 새롭게 내놓은 모델들은 모든 자동차 업체의 벤치마킹 대상이 됐다. 2003년에 나온 4도어 쿠페 CLS가 대표적인 경우다. 유선형 쿠페는 날렵하게 떨어지는 뒷유리창 곡선이 특징이지만 이런 디자인 때문에 뒷좌석은 비좁아 애완견이나 겨우 태울 정도여서 2도어가 상식이었다. 하지만 벤츠는 쿠페의 대중화를 위해 뒷좌석에도 어른이 앉을 수 있는 공간을 확보하고 탑승이 편리한 4도어 쿠페 CLS를 내놓았다. 그러자 다른 자동차 업체도 비슷한 콘셉트의 차를 개발하기 시작했다. 제대로 벤치마킹해 재미를 본 것이 폭스바겐의 4도어 쿠페 CC다. 요즘 벤츠 모델에 붙는 엔진 배기량과 엇비슷한 숫자 모델명은 1970년대에 도입했다. 1982년에는 요즘 C클래스의 원조격인 소형차 190시리즈를 내놓아 대형차부터 소형차까지 풀라인업을 갖췄다.

벤츠의 역사는 '자동차 최초'의 기록이라고 할 수 있다. 최초의 가솔린 자동차를 비롯해 1935년 최초의 디젤 승용차(260D), 최초의 트럭 및 버스 개발, 최초의 레이스 우승으로 이어졌다. 자동차의 안전에 어느 브랜드보다도 많은 투자를 했던 다임러-벤츠는 1930년대 강화 측면보호대와 안전도어 잠금장치를 자동차 업계 처음으로 개발했다. 1951년에는 충돌사고 때 엔진이 아래로 밀려나 운전자의 부상을 막는 안전 차체를 개발해 특허를 땄다. 1953년에는 충격을 흡수하는 차체구조(크럼플 존)를 개발했으며, 안전벨트 역시 1959년에 벤츠가 처음 설치했다. 1959년에는 세계 최초로 충돌 테스트를 실시했다. 2000년 이후에 대중차까지 기본으로 달리는 안전장비 ABS(브레이크잠김방지장치)와 에어백 역시 벤츠가 처음 적용했다. 미끄러운 노면에서 바퀴가 헛돌거나 코너에서 밀려 나가는 것을 막아주는 자세제어장치 같은 것도 모두 벤츠 아니면 어려웠던 신기술이다.

벤츠 역대 최고의 명차로는 1954년 출시된 스포츠카 300SL이 꼽힌다. 세계 최초로 문이 새의 날개처럼 열려 마치 갈매기가 날아가는 것처럼 보이는 '걸윙도어' 양산차다. 3L 215마력 엔진을 얹고 최고 시속 250킬로미터를 냈다. 걸윙도어는 디자인적 가치는 높지만 안전성 확보가 어려워 생산하기가 무척 어렵다. 당시 자동차 업계에서는 '벤츠 아니면 할 수 없는 기적'이라는 반응이 나올 정도였다. 300SL은 1954~63년에 3,258대가 생산됐다. 이후 람보르기니 같은 스포츠카 업체에서 걸윙도어 붐이 일었다. 이 차는 2010년에 다시 태어났다. 신형 SLS AMG가 그것이다. 걸윙도어는 그대로 살리고 현대적 디자인으로 다듬었다. 최고 시속은 300킬로미터를 넘어섰다. 한국에 배정된 30여 대는 2억 8,000만 원 고가에도 한 달 만에 모두 팔렸다.

한국은 벤츠의 최고 시장 가운데 하나다. 2억 원에 육박하는 대형 S클래스, 중형 E클래스 판매 순위는 미국, 독일, 중국, 영국에 이어 세계 5위다. 2010년에는 전 세계 140여 개 해외 지사에서 성장률 1위(전년 대비 90%)를 기록했다. 오죽하면 독일 본사에서 '한국을 배워라'라

세계 최초로 '걸윙도어'를 적용한 양산차 300SL.

칼 벤츠

는 자료까지 만들었다.
　고유가로 인한 소형차와 친환경차, 그리고 자동차의 IT화가 요즘 신차 개발의 확실한 트렌드다. '최고가 아니면 만들지 않겠다'는 벤츠의 창업 정신, 그리고 그에 걸맞은 최고의 차를 만들었던 벤츠가 새로운 시대에 어떤 차를 만들어낼지 기대된다.

자동차 역사는 곧 벤츠의 역사

　메르세데스 벤츠의 뿌리는 독일 만하임의 발명가 칼 벤츠Karl Benz에서 시작한다. 그는 1886년 1월 29일, 휘발유 엔진을 단 최초의 자동차를 특허등록('페이턴트 모터카')했고, 이미 1883년에 세계 최초의 자동차 공장 '벤츠&시에'를 설립했다. 또 다른 창업자인 고틀립 다임러Gottlieb Daimler 역시 1886년에 '말 없는 마차'라는 이름의 자동차를 개발한 데 이어 1890년 다임러자동차DMG를 설립했다. 두 회사는 치열한 경쟁 속에서 30여 년간 독일차 발전을 주도했다.
　여기서 짚어볼 것은 세계 최초의 자동차에 대한 이견이다. 당시 독일을 비롯하여 프랑스, 영국, 이탈리아의 귀족들은 앞다퉈 자동차를

현재의 C클래스의 초기 모델인 190.

개발했다. 1987년, 이탈리아 베로나의 한 교수도 자동차 특허를 냈다. 인터넷도 없는 시대에 세계 최초의 자동차를 검증하기는 어려웠을 것이다. 어쩌면 벤츠가 세계 최초의 자동차로 인정받은 것은 특허 등록 기준일 뿐 아니라 지금까지 성공적으로 사업을 지속하고 있기 때문일 것이다.

메르세데스(스페인어로 '우아하다'는 뜻)는 1902년 다임러가 만든 모델명에서 나왔다. 당시 다임러의 오스트리아 판매 지사장이던 에밀 엘리네크가 자기 딸의 이름인 메르세데스를 차명으로 써줄 것을 요청했다. 그녀는 평범한 인생을 살았지만 세상에 이름을 남긴 셈이다.

벤츠&시에와 DMG는 1926년에 합병했다. 독일의 1차 세계대전 패전으로 인한 경제난이 이유였다. 회사 이름은 '다임러-벤츠'였다. 로

2013년 새롭게 출시된 최고의 럭셔리 세단 S클래스.

고는 원 안에 세 개의 별을 결합한 다임러 것을 그대로 사용했다. '육지, 바다, 하늘'에서 최고가 된다는 의미다. 레이스에 역점을 둔 다임러와 안전을 중요시한 벤츠의 만남은 절묘했다. 벤츠는 소량생산으로 희소가치를 높이고 비싸게 판매하는 전략을 구사해 1960년대 유럽과 미국의 부자를 상징하는 대표적인 고급차가 됐다.

S500(5L 엔진) 같은 방식으로 엔진 배기량을 모델 이름에 사용한 것은 1970년대부터다. 80년대에는 최고 전성기를 맞이했다. 품질이 우수하면서도 값싼 대중차 붐이 일자 벤츠는 소형차 190시리즈(현재의 C클래스)를, 1985년에는 중형차 300시리즈(E클래스)를 개발하며 연산 100만 대 규모에 진입했다.

두 창업자의 철학은 남달랐다. 칼 벤츠의 '발명에 대한 열정은 결코 잠들지 않는다', 다임러의 '최고가 아니면 만들지 않는다'는 창업 정신이 오늘날 영광의 토대인 셈이다. 1980년대에는 막대한 자금(이익을 차곡차곡 모아둔 잉여금)을 바탕으로 독일 가전업체 AEG, 우주항공 메이커 MTU를 흡수하며 사세를 넓히기도 했다.

한국에서도 승승장구다. 2011년에 1만 대 판매를 넘겼고 2012년에는 2만 대를 돌파했다. 2013년 말에는 벤츠가 가장 잘 만드는 대형 세단의 기함인 신형 S클래스를 내놓았다. 전통적인 벤츠의 보수적 디자인을 감각적으로 다듬었다는 평이 지배적이다. 이번에도 벤츠는 자동차의 명가답게 세계 최초의 신기술을 유감없이 보여줬다. 아쉬운 점은 2011년부터 BMW와 격차가 크게 벌어졌다는 사실이다. 하지만 50, 60대 사이에서는 여전히 '고급차 = 벤츠'라는 등식이 설립한다. 역으로 이 점은 한국시장에서 가장 큰 장애물로 작용하고 있다. 수입차 세대로 성장한 30, 40대가 선호하는 BMW와 아우디에 비해 입지가 줄어든 것이다. 그래서인지 벤츠는 S클래스 같은 대형차보다 소형차인 C클래스, B클래스, A클래스 마케팅에 힘을 쏟는다. 이런 차를 젊은 층에 많이 팔아야 벤츠의 가치를 체험해본 이들이 40, 50대에 중형차인 E클래스로, 50대 이후에 자연스럽게 S클래스로 옮겨갈 수 있기 때문이다. 벤츠가 앞으로 다가올 전기차 시대에서도 예전 명성을 유지할지는 두고 볼 관심사다. 전기차는 벤츠 브랜드를 빼면 최고라고 주장할 만한 기술이 거의 없기 때문이다.

벤츠 디자인을 알려면
바그너를 보라

　전 세계 프리미엄 브랜드(벤츠, BMW, 아우디, 재규어) 디자인을 이끄는 명장 디자이너들은 한결같이 '워커홀릭(일중독)'이자 어릴 때부터 자동차를 사랑했던 '카 가이'였다. 밤샘 작업은 수없이 하고 쉬는 날도, 여행 가서도 스케치를 한다. 이들은 모두 회사의 고위 임원으로서 경영진이기도 하다. 그래서인지, 수많은 언론 인터뷰에 단련돼서인지 모두 '언어의 마술사'였다. 쉬운 예를 들어가며 어려운 디자인 요소를 쏙쏙 머리에 박히도록 설명해줬다.

　이들은 모두 자동차 다자인에서는 엘리트 코스를 달렸다. 학력도 디자인 분야 최고 수준이다. 네 명 가운데 세 사람(재규어의 이안 칼럼, 아우디의 슈테판 질라프, 벤츠의 고든 바그너)이 영국왕립예술학교 RCA, Royal College of Arts 동문이다. 벤츠의 고든 바그너는 1968년생으로 가장 젊다. 그를 만나면 젊음의 힘이 느껴진다. 그를 통해 '보수적인 중장년층 부자 고객'에 친근한 벤츠 디자인을 젊게 바꿔보겠다는 의지가 느껴졌다. 그는 2008년에 디자인 총괄을 맡아 전임자가 해놓은 각진 GLK와 GL클래스 SUV의 디자인에 대해 대대적으로 손을 봐 혁신적이고 젊어진 벤츠의 디자인을 예고했다. 또 요즘 경

그녀가 타고 떠난 그 차

쟁차에 뒤진다는 평을 받은 인테리어의 변혁도 자신하고 있었다. 그는 2011년 걸윙도어를 복원한 SLS AMG를 내놓아 '아직 벤츠를 맡기에는 어리다'는 평을 일순간에 잠재웠다.

바그너는 2006년부터 벤츠의 전략디자인부서 총괄을 맡아 미래 자동차의 콘셉트 개발에 역량을 발휘했다. 그전에는 미국 캘리포니아, 일본에 위치한 메르세데스 디자인 스튜디오 임원으로 근무했다. 바그너는 Strategic Advanced Design 부서 총괄로서 미래 자동차 콘셉트 개발 및 새로운 디자인 전략을 구현하는 역할을 했다. 그는 2007년 가을에 발표한 F700을 통해 미래 프리미엄 자동차에 대한 아이디어를 선보였다.

그는 독일 에센 대학교에서 산업디자인을 전공했고, 자동차 디자인 전문 업체에서 외관 디자이너로 일하다 1997년 메르세데스-벤츠에 합류했다. 2013년 하반기에 출시된 S클래스에는 그의 디자인 철학이 녹아 있다. 벤츠를 대표하는 S클래스에 럭셔리 이외에 다이내믹하고 굵직한 선을 가미시켰다. 출시와 동시에 판매에서 대박이 나 바그너의 어깨는 더욱 무거워졌다. 앞으로 그가 내놓을 전기차 디자인이 기대된다.

스웨덴 **볼보**

5

스칸디나비안
럭셔리함을 갖춘
안전의 대명사

척박한 기후가 만든 안전의 대명사

　땅덩이가 큰 미국에서는 나들이에 한 번 나서면 여행가방 몇 개를 싣고 하루 종일 1,000킬로미터 이상 달리면서 주州를 넘나들기 일쑤다. 그래서 미국 자동차는 실내나 트렁크 공간을 널찍하게 만든다. 장시간 주행해도 피곤하지 않게 서스펜션도 물렁하다.
　독일차는 잘 달리고, 잘 돌고, 잘 선다. 정교한 맛이 일품이다. 비가 자주 와도 속도제한 없는 아우토반(독일식 고속도로)을 시속 200킬로미터 가까이 질주할 수 있게 차체를 견고하게 만든다. 서스펜션도 코너링이 좋도록 딱딱하게 하는 편이다. 프랑스와 이탈리아 자동차 하면 고풍스럽고 비좁은 거리를 다니기 좋은 감성적 디자인의 소형차를 연상시킨다. 서스펜션은 물렁하지만 도로에 쫀득하게 달라붙는 맛이 일품이다.
　그런데 같은 유럽이라도 북유럽의 스웨덴은 차를 만드는 방식이 다르다. 이 나라는 연중 절반이 겨울이고 11월부터 이듬해 3월까지 눈이 내리는 가혹한 기후를 지녔다. 길에 눈 덮인 날이 많다 보니 날렵한 코너링보다는 눈길에 미끄러져도 충격이나 사고 정도가 약하도록 안전기술이 많이 들어가 있다. 또 눈비와 제설제에 잘 부식되지 않는 내구성이 신차 개발의 핵심이다.

이러다 보니 스웨덴 브랜드 볼보는 안전의 대명사가 됐다. 적어도 긴 역사와 뚜렷한 개성만큼은 독일의 벤츠나 BMW와 견줄 만하다. 디자인의 개념도 근본적으로 다르다. 독일차가 전후좌우 균형과 치장을 중시한다면 볼보는 바이킹식 실용성을 내세운 스칸디나비안 디자인이다. 군살 없는 직선과 곡선의 단순미가 그렇다.

스칸디나비아풍 실용 디자인과 세계 최초의 안전장치들

볼보의 설립에 얽힌 일화는 흥미롭다. 아서 가브리엘슨이라는 경제학자와 당시 스웨덴 최대 볼베어링 회사 SFK의 엔지니어 구스타프 라슨이 만찬 도중 자동차 사업 이야기를 꺼낸 것이 창업의 발단이 됐다. 유럽의 부자와 학자들은 당시 미국 포드의 성공에 자극을 받아 모이기만 하면 자동차 산업을 화제로 올렸다. 두 사람은 이야기가 나온 김에 즉석에서 음식점 테이블 위에 놓인 냅킨 뒷면에 자동차 차대를 술술 그려봤다. 낙서 같은 이 얼개가 바로 볼보 첫 모델인 'OV4'의 개발 도면으로 이어졌다. 일명 '야곱'이다.

이들은 SFK의 재원으로 스웨덴 예테보리에 자동차 공장을 세웠다.

야곱이라는 별칭이 더 유명한 볼보의 첫 모델 OV4.

베어링 회사가 돈을 대서 그런지 '볼보'라는 회사명은 '나는 구른다'는 뜻의 라틴어에서 유래했다. 이들은 SFK의 투자를 기념하기 위해 회전하는 베어링을 형상화한 화살표 문양의 엠블럼을 만들어 차에 달았다. 이것이 볼보의 상징 아이언 마크가 됐다. 첫 모델 야곱은 포드 T형 차를 벤치마킹해 단단한 차체와 축을 지향하고 긴 원통형 스프링을 앞뒤에 달았다. 4기통 가솔린 엔진으로 최고 시속 90킬로미터까지 냈다.

볼보는 눈길에서 미끄러져 사고가 날 것에 대비해 안전에 신경을 많이 썼다. 그래서 1950년대에 충격을 흡수하는 안전 차체를 세계 최초로 설계했다. 또 유리를 겹겹이 붙여 큰 충격을 받으면 부스러지는

1974년, 볼보의 전성기를 이끈 볼보 240.

라미네이트 안전유리를 선보였다.

　1959년에는 세계 자동차 역사의 획을 긋는 작품이 나왔다. 종전 2점식 안전벨트에다 어깨 끈을 더해 교통사고 때 사망 및 부상률을 획기적으로 줄인 3점식 안전벨트가 그것이다. 항공기 조종석 벨트에서 아이디어를 얻었다고 한다.

　1974년 출시된 240, 260시리즈는 볼보의 전성기를 예약했다. 튼튼한 차로 소문나자 미국교통안전공사NHTSA는 1976년에 볼보 240을 대량

그녀가 타고 떠난 그 차

구입해 각종 테스트를 해보고 자동차 안전기준을 제정하기도 했다. 이를 계기로 볼보는 '안전의 대명사'라는 별명을 확실하게 굳혔다. 볼보의 세계 최초 안전 시리즈는 여기에 그치지 않았다. 대표적인 것만 해도 측면보호 에어백(1994년), 커튼형 에어백과 경추보호 시스템(1998년), 전복방지 시스템(2002년) 등이 있다.

1982년에 나온 중형 고급차 760은 소위 대박이었다. 튼튼하게 보이는 각진 디자인에 넓은 실내공간을 갖춰 여유로운 계층의 자가용으로 각광받았다. 차보다 더 유명했던 것은 이 차의 TV 및 지면 광고였다. 튼튼한 차라는 점을 강조하려고 볼보는 760으로 7층의 탑을 쌓았다. 무거운 차가 첩첩이 쌓였는데도 맨 아래 차가 찌그러지지 않고 멀쩡히 차체 구조를 유지하는 모습이 광고 내용이었다. 과장광고 논란도 있었지만 '볼보=안전한 차' 등식을 더욱 각인시켰다.

하지만 큰 성공은 실패의 씨앗이 되곤 한다. 대세는 공기역학을 내세운 유선형 디자인 쪽으로 흘렀지만 볼보는 여전히 종전 디자인을 고수했다. 안전함에 더해 권위적이고 딱딱하다는 느낌을 주기 시작했다. 우선 디자인이 도마에 올랐다. 직선 위주에다가 선과 각이 너

볼보는 튼튼한 차라는 이미지를 심기 위해 760을 겹겹이 쌓는 광고를 제작했다.

무 두드러져 "네모난 깡통차"라는 혹평이 일기 시작했다. 젊은 층에 어울리지 않는 차라는 선입견과 함께 주 소비층이 안전을 중시하는 40대 이후 연령층으로 쏠렸다.

여기에 인구 1,000만 명도 되지 않는 스웨덴의 비좁은 내수시장이 볼보의 발목을 잡았다. 미국과 독일, 프랑스와 달리 안방의 든든한 소비자층이 부족했다. 스웨덴 내수 1위를 차지했지만 판매량은 5만 대도 안 됐다. 해외수출이 탈출구였지만 안방의 지원사격 없이 국제경쟁에 한계가 있었다. 볼보는 1980년대 들어 경영난을 겪다가 1997년에 약 7조 원에 포드가 인수했다. 유럽의 고급차 시장을 공략하려는 포드의 해외 전략과 이해가 맞아떨어졌기 때문이다.

제2의 도약을 앞두고 있는 숨겨진 명차

포드는 우선 볼보의 각진 디자인에 손을 댔다. 소비자 취향에 맞게 실용성뿐 아니라 아름다움을 가미했다. 2000년대 선보인 승용차 중에 '가장 빼어난 뒤태'를 꼽으라면 나는 볼보 C30을 꼽겠다. 이 차는 종전 볼보 제품과 달리 디자인을 위해 실내공간을 대폭 희생했다. 아름다운 해치백을 디자인하려고 트렁크 부분에 큰 각을 주면서 적재공간이 확 줄었다. 대신 어떤 엉덩이보다 섹시한 후면을 만들어냈다. C30은 인기 뱀파이어 영화 〈트와일라잇〉의 주인공이 탄 차로 화제가 됐다.

2000년대에 출시된 자동차 중 가장 빼어난 뒤태를 자랑하는 볼보 C30.

볼보는 2008년 미국발 금융위기로 운명을 갈아탔다. 자금사정이 어려워진 포드가 볼보를 매물로 내놓은 것이다. 2010년, 중국의 길리자동차가 역대 인수합병 최대 규모인 18억 달러(약 2조 원)에 볼보를 인수했다. 길리는 10년간 수조 원을 투자해 볼보를 연산 80만 대 규모

그녀가 타고 떠난 그 차

까지 키우겠다고 약속했다. 첫 번째 작업은 중형 세단 S80보다 더 큰 대형 세단의 개발이다. 지난해 11월 독일 프랑크푸르트 모터쇼에서 '컨셉트U'라는 시제작 차를 선보였다. 양산 시기는 2015년으로 예정됐다.

볼보의 한국 내 입지는 미약하다. 독일차가 수입차 시장의 70퍼센트를 점유하는 기형적인 구조에 가장 큰 타격을 본 게 볼보다. 주로 독일차와 비교당하면서 볼보의 특징이 부각될 기회조차 갖지 못했다. 볼보는 수입차 가운데 가장 저평가된 브랜드다. 우선 고급차 가운데 가격 대비 가치가 높은 편이다. 또 한국 지형에 적합한 서스펜션으로 쫀득한(?) 핸들링 실력을 보여준다. 여기에 타의 추종을 불허하는 안전장비와 공간디자인 그리고 어디에서나 어울리는 실용디자인이 호감을 준다. 잔고장 없는 내구성도 일품이다. 이런 장점이 입소문을 타면 바람을 일으킬 수도 있으리라 기대해본다.

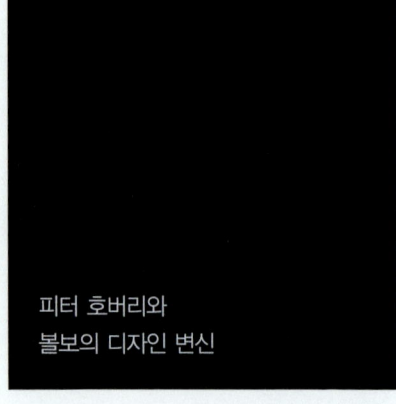

피터 호버리와
볼보의 디자인 변신

볼보의 안전 철학은 창업 때부터의 유전인자다. 안전은 곧 볼보의 디자인 언어였다. 공동 창업자 구스타프 라슨과 아서 가브리엘슨은 "자동차는 사람이 운전한다. 볼보의 모든 차량은 안전이 최우선이다. 볼보라는 브랜드가 존속하는 한 영원하다"고 강조하곤 했다.

우선 디자인이 겉멋보다 실용성 위주였다. 해외 시승회에서 만난 볼보 디자이너들은 "차 외관에 음양이 확실한 선과 면을 넣어 멋을 부리고 싶지만 안전과 관련성이 적다는 이유로 삭제되기 일쑤"라고 불만을 토로하기도 했다. 그러다 보니 볼보의 신차는 실내 공간이 널찍하고 안전성이 가장 높은 네모 형태가 많았다. 문짝도 안전을 고려한다고 두툼하게 만들어 여닫기 불편하다는 느낌이 들 정도였다.

볼보의 디자인 혁신은 1991년 포드 인수 이후에 이루어졌다. 재규어의 이언 컬럼과 함께 영국이 낳은 자동차 디자이너 거성 피터 호버리가 변화의 주역이었다. 해외 모터쇼에서 만날 때마다 질문하면 함박웃음과 함께 친절한 설명을 아끼지 않던 호버리다. 그는

2002년까지 11년간 볼보 디자인을 맡으면서 "네모에서 벗어난 새로운 디자인 언어를 만들겠다"라고 공언했다.

먼저 둥근 코(앞범퍼)와 부드러운 곡선을 가미해 현대적 아름다움을 살렸다. 세계 최초로 지붕이 세 조각으로 접히는 하드톱 컨버터블 C70, 스칸디나비안 럭셔리 S80, 볼보의 첫 SUV XC90이 그의 손을 거쳤다. 호버리는 영국의 명문 디자인대학원인 영국왕립예술학교RCA 출신이다.

7년 만인 2009년 5월 다시 볼보에 복귀한 그에게 전기가 찾아온다. 중국 길리자동차가 볼보의 새 주인이 된 이듬해인 2011년 그는 길리자동차의 디자인 총괄로 영입됐다. 앞으로 중국차에 볼보식 유럽 디자인이 선보일 듯하다. 볼보는 독일 디자이너 토마스 잉엔라트를 불러들였다. 그는 1991년부터 20년간 아우디, 폭스바겐, 슈코다(폭스바겐이 인수한 체코 자동차 브랜드)를 맡아왔다. 2006년부터는 폭스바겐 디자인 수석으로 일했다.

볼보는 앞으로 어떻게 변신할까? 실용성에다 유럽식 정교함과 균형미가 더해질 것 같다. 폭스바겐에서 일하다 기아자동차 수석 디자이너로 변신한 피터 슈라이어를 보면 어느 정도 가늠할 수 있다. 슈라이어는 독일차의 디자인 언어를 기아차에 접목해 성공을 거뒀다. 실제로 K5, K7, K9은 균형미를 강조한 전형적 독일차 디자인 계열이다.

독일 **아우디**

6

디자인과
기술을 통한
진보

고급 자동차의 대명사

차를 좋아하는 사람들에게 '프리미엄 자동차'(우리말로 '고급차'가 가장 적당할 듯) 브랜드를 물으면 열 명 가운데 절반 이상이 벤츠, BMW, 아우디를 꼽는다. 과거의 영광까지 감안해 조금 더 인심을 쓴다면 재규어와 캐딜락이 포함될 것이다. 진짜 후한 사람은 렉서스와 볼보까지 추가할 수 있겠다.

그렇다면 고급차라고 주장하는 폭스바겐의 대형 세단 페이톤은 어떨까? 가격만 놓고 보면 1억 원이 넘고, 고급차에 들어가는 첨단장치 상당 부분을 달고 있다. 비싸고 고급스럽지만 브랜드는 2,000만 원대 차에도 똑같이 달려 있는 대중차다. 때문에 페이톤은 고급 옵션이 많이 달린 고가高價차로 보는 게 적당하다.

그렇다면 현대 에쿠스나 기아 K9은 어디에 들어갈까? 페이톤과 마찬가지다. 고급차 디자인과 어딘가 비슷하고 이미 고급차에 달린 비싼 옵션을 잔뜩 단 고가차라고 볼 수 있다.

나는 고급차의 기준으로 세 가지를 따진다. 큰 범주에서 다른 전문가들과 크게 다르지 않을 것이다. 우선 브랜드를 설명할 전통과 유산이 있어야 한다. 벤츠는 '안전의 대명사', BMW에게는 '드라이빙 머신'으로 연결되는 확실한 이미지가 있다. 둘째는 누군가 먼저 개발한 것을 베끼는 것이 아니라 업계를 리드하는 기술과 혁신성이 있어야 한다. 마지막으로 디자인이다. 멀리서 봐도 '아 저 차는 아우디구나'

그녀가 타고 떠난 그 차

1969년에 출시된 아우디 100.

하는 것을 느끼게 하는 자신만의 디자인이 있다. 이런 점에서 고가차의 특징은 디자인을 부분적으로 베끼거나(통상 벤치마킹이라 한다) 남들이 먼저 개발한 신기술을 뒤늦게 장착해 비싼 가격을 받는 차라고 할 수 있다. K9이 한국시장에서 실패(?)한 결정적인 이유가 바로 고가차이기 때문이다. 고급차만이 주는 차별화된 요소 없이 비싼 기능만 잔뜩 추가해서 가격만 올려놓아 판매가 신통치 않은 것이다.

아우디 창업의 기틀을 다진
아우구스트 호르히 박사.

그럼 포드의 고급 브랜드 링컨, 닛산의 인피티니, 혼다 어큐라는 왜 빠졌느냐고 물은 사람도 있을 것이다. 이들 역시 한때는 고급차 기준에 근접했지만 2퍼센트 부족해 역시 고가차 수준을 벗어나지 못한 경우다. 고급 소재를 사용하고 첨단기능을 달았다고 해서 단숨에 프리미엄이 되는 것은 아니다.

통상 고급차는 비슷한 크기와 성능의 대중차에 비해 30~50퍼센트 비싸다. 그런데도 부자들은 쉽사리 고급차에 지갑을 연다. 부자라서가 아니다. 눈에 보이는 엔진 출력이나 크기 같은 수치 이외에 프리미엄 브랜드라는 숨어 있는 가치를 인정하기 때문이다.

그러다 보니 고급차 시장 경쟁은 대중차보다 치열하다. 경제적으로 안정된 고객들은 웬만해서 선호 차량을 바꾸지 않는다. 프리미엄급 시장에서 통상 전년 대비 1퍼센트 판매 신장률을 올리려면 최소 마케팅 비용이 1,000억~2,000억 원 정도 들어간다는 게 업계의 정설이다.

고급차들의 전통은 저마다 확연히 다르다. 벤츠는 최초의 내연기관 자동차 개발부터 시작해 걸어온 길 그 자체가 고급차의 역사였다. BMW는 2차 세계대전 이후 지속적인 노력으로 고급차 반열에 올랐다. 그런 점에서 보면 아우디는 가장 늦은 후발주자다.

아우디는 1970년대만 해도 유럽의 대중차였으나 1980년대부터는 세계 첫 사륜구동(콰트로) 승용차를 내놓으면서 본격적으로 고급차 시장에 도전한다. 전륜구동인 아우디가 후륜구동의 절대 강자인 벤츠, BMW의 벽을 넘기 위해서는 무언가 다른 것이 필요했다. 그것이 바로 콰트로다. 이후 끊임없는 신기술 개발과 실용화를 통해 2000년 이후 벤츠, BMW와 어깨를 나란히 하는 프리미엄 브랜드로 성장했다. 하지만 100년이 넘는 아우디 역사는 여러 번의 합병과 좌절을 맞본 시련의 연속이었다.

네 개의 링, 그 의미의 전환

아우디의 역사는 1909년에 시작됐다. 1899년 호르히 자동차를 설립했던 아우구스트 호르히August Horch 박사가 1909년 자신의 성을 라틴어로 번역해 새 자동차 회사의 이름을 만들었다. 아우디는 라틴어로 '듣다Listen'라는 말이다.

1980년, 제네바 모터쇼에서 선보인 아우디 콰트로.

　　군소 자동차 업체였던 아우디는 네 개의 링 역사를 만나면서 도약한다. 1932년 독일 삭소니 지방의 자동차 회사였던 아우디Audi, 반더러Wanderer, 호르히Horch, 데카베DKW가 모여 '서로의 장점을 살리자'며 합병을 했다. 사명은 아우토 유니언으로 정했다. 현재 아우디의 초석을 놓는 대합병이었다. 그리고 고리처럼 연결된 네 개의 링을 엠블럼으로 정했다. '서로 싸우지 않는다'는 상징이었다. 기술력에서 대동소이했던 네 개의 회사는 협력이 가장 큰 과제였다. 화합을 의미한 네 개의 링은 요즘 들어서 부富의 상징으로도 비유된다. 링 하나를 결혼반지로 보면 아우디는 네 번 결혼할 만한 부자나 탈 수 있는 차라는 것이다. 공교롭게도 아우디 회장을 역임한 페르디난트 피에히 현 폭스바겐-아우디 그룹 이사회 의장은 네 번 결혼했다.

　　네 개 링의 결합은 생각보다 어려웠다. 신차 개발을 놓고 의견이 분분했고 내분이 이어졌으며, 여기에 판매 부진까지 겹치면서 1958년 다임러-벤츠에 인수되고 말았다. 고급차 위치를 확고하게 굳히고 있던 벤츠에서 아우디는 뚜렷한 정체성을 찾지 못하고 1964년 폭스바겐 그룹에 다시 인수됐다. 인수 당시 아우디는 폭스바겐 브랜드와 엇비슷한 대중차로 출발했다. 폭스바겐과 마찬가지로 전륜구동차만 생산했던 것이다. 당시 고급차는 대부분 후륜구동이었다. 벤츠와 BMW가 후륜구동으로 고급차를 대표했고 미국 캐딜락, 영국 재규어도 후륜구동이었다. 뒷바퀴로 구동을 전달하는 후륜구동은 앞뒤 무게 배분을 50:50에 맞추면서 안정된 코너링과 승차감을 자랑했다.

  1980년 아우디는 제네바모터쇼에 세상을 깜짝 놀라게 한 사륜구동 콰트로를 내놓았다. 전륜구동뿐이었던 아우디는 전륜구동은 그대로 이용하고 차대를 가로지르는 축(프로펠러 샤프트)을 통해 뒷바퀴에도 동력을 전달했다. 사륜구동으로 전륜구동이 지닌 핸들링과 승차감의 한계를 극복한 것이다. 그러면서 본격적으로 고급차 시장에 발을 들여놓았다. 콰트로는 이후 WRC 등 모터스포츠 대회에서 잇따라 우승하면서 탁월한 주행성능을 뽐냈다.

디자인이라는 승부수

2000년 이후 자동차 전문가들이 꼽는 아우디의 가장 큰 경쟁력은 다이내믹한 디자인과 다양한 신차 투입이다. 이런 전략에는 폭스바겐 그룹 산하라는 배경이 있다. 개발비를 줄이면서 다양한 차종을 단시간에 내놓을 수 있는 폭스바겐-아우디의 차체(플랫폼) 공유 전략 덕을 톡톡히 보는 것이다. 폭스바겐 골프 차체를 이용해 아우디 소형 세단 A4, SUV Q5, 쿠페 A5를 만드는 식이다.

아우디는 일반도로 시속 400킬로미터 돌파(1937년), 사륜구동 승용차 콰트로 개발(1980년), 알루미늄 차체 개발(1993년) 등 세계 최초의 신기술에서 경쟁사와 어깨를 나란히 했다. 그리고 고급차 브랜드의 성능과 기술이 비슷해진 2000년대에는 차별화된 경쟁 요소로 디자인에 승부를 걸었다. 기술만으로는 소비자를 끌어들이는 데 한계가 있다고 판단한 것이다.

디자인에 있어 가장 큰 도전은 커다란 라디에이터 그릴인 '싱글프레임'이다. 2004년 A6로 처음 선보인 싱글프레임은 이후 모든 차량에 사용되면서 패밀리룩으로 자리 잡았다. 당시 발터 드 실바 디자인 총괄 사장(현 폭스바겐 총괄)은 "싱글프레임은 다이내믹하면서도 기품이 흐르는 아우디 내면의 힘을 표현한 것"이라며 "정체되지 않고 진보하는 역동적인 디자인 철학을 그대로 반영했다"라고 설명했다. 이후 아우디의 디자인은 현대기아차 등 세계 자동차 업체의 벤치마킹 대상이 되었다.

싱글프레임이 적용된 A8, A6, A4 등의 모델은 세계적 권위인 아우토니스 디자인 어워드(2005년)를 받는 등 디자인 분야의 상들을 휩쓸었다. 2세대 아우디 TT는 '2006 세상에서 가장 아름다운 자동차', '2007 최고의 자동차 디자인'에 잇따라 선정됐다. 아우디는 외관 디자인뿐

1998년에 등장한 아우디 TT. 둥글둥글한 곡선 외관으로 당시 자동차 디자인에 큰 충격을 주었다. 현재 현대기아차 디자인 총괄인 피터 슈라이어가 아우디 소속일 때 디자인을 맡았다.

아니라 별도의 촉각, 후각, 청각 팀을 운영하면서 고객의 오감五感을 만족시키는 감성품질에서도 성공을 거뒀다.

아우디는 1970년대 미국에서 뼈아픈 실패를 맞봐야만 했다. 한 방송사에서 "아우디는 급발진 위험이 있다"는 검증 안 된 보도를 내보냈던 것이다. 2009년 미국판 토요타 리콜과 비슷한 경우다. 판매는 급감했고 결국 미국시장 철수로 이어졌다. 아우디는 1980년대 중반에 다시 미국에 진출했지만 한 번 꺾인 신뢰를 회복하기가 쉽지 않았던 탓에 미국시장에서는 고전의 연속이었다.

그녀가 타고 떠난 그 차

하지만 이는 전화위복이 됐다. 어떤 고급차보다도 먼저 중국에 입성했던 것이다(1989년). 벤츠와 BMW, 렉서스가 미국에 집중하는 동안 아우디는 1990년대 이후 중국에서 고급차 1위를 질주했다.

2008년에 예상 못한 금융위기가 닥치자 판세가 요동쳤다. 미국 의존도가 큰 벤츠와 BMW는 다음 해 2차 세계대전 이후 처음으로 적자를 냈다. 상대적으로 미국 판매가 적은 아우디는 2009년에 처음으로 연간 100만 대 판매(100만 3,400대)를 넘어서면서 중국 호조를 바탕으로 흑자를 이어갔다. BMW와 벤츠의 북미시장 의존도는 25~30퍼센트에 달하는 반면 아우디는 10퍼센트 이하였다.

진보와 혁신의 상징

100년이 넘는 역사를 지닌 아우디의 성공 키워드는 '진보와 혁신'이다. 시장에 탄력적으로 대응하는 조직을 갖춘 것이다. 아우디는 준중형 차체(C세그먼트) 하나로 세단부터 해치백, 쿠페, 컨버터블뿐 아니라 스포츠유틸리티차량SUV까지 개발했다. A4와 A4아반트(왜건), A4컨버터블, A3해치백, A5쿠페, SUV인 Q5는 모두 A4와 같은 차체와 엔진을 쓴다. 다양한 차종에 같은 차체와 엔진을 사용하면서 생산단가를 낮추는 규모의 경제 효과를 톡톡히 봤다. 개발비는 줄이면서도 다양한 신차를 만들어 고객의 요구에 대응한 것이다. 물론 이런 신차 경쟁력에는 차종마다 확실하게 차별화에 성공한 디자인 능력이 뒷받침되었다. 최근에는 매년 경쟁사보다 많은 새로운 모델(마이너체인지 포함)도 내놓고 있다.

다양한 차종을 하나의 조립라인에서 생산하는 것도 생산성을 높인 경쟁 요소다. 잉골슈타트 본사 공장에서는 A3해치백부터 A4세단과 왜건, A5쿠페, 스포츠카인 TT, Q5가 함께 생산된다. 마티아스 리플 공장 홍보 담당자는 "판매량에 따라 전환배치뿐 아니라 근로시간도 탄력적으로 조절할 수 있는 것이 생산성이 높은 이유"라고 말한다.

아우디의 기함 A8.

아우디는 2015년에는 연간 150만 대 판매를 달성해 내심 BMW를 꺾고 고급차 브랜드 세계 1위가 되고자 하는 야심을 드러내고 있다. 강세였던 중국뿐 아니라 미국시장마저 호조다. 2011년 벤츠까지 제친 아우디의 1위 등극은 시간문제일 뿐이다.

이를 위해 아우디는 2011년에 경쟁차인 벤츠 S클래스, BMW 7시리즈에 비해 약세를 보인 대형차 시장에 새로운 카드를 빼들었다. 대형 세단은 고급차의 이미지를 좌우하는 플래그십 모델이다. 그동안 아우

 디 A8은 벤츠 S클래스, BMW 7시리즈에 밀려 존재감마저 위태로웠다. 신형 A8은 무게를 줄여 고성능을 내기 위해 차체를 100퍼센트 알루미늄으로 만들었다. 대형세단 시장에서 성공 없이 세계 1위는 불가능하다고 본 아우디는 A8을 승부수로 던진 것이다.
 한국에서도 괄목할 성장을 했다. 2004년 진출 첫해 807대를 팔았다. 2011년에는 1만 대를 넘겼으며, 2013년에는 50퍼센트 성장률로 2만 대를 돌파했다. A8은 한국에서도 호조다. 2011년 G20 정상회담에 나온 의전차량 34대가 1억 5,000만 원대의 고가였지만 단숨에 동이 났다.

그녀가 타고 떠난 그 차

1937년 AUTO UNION의 경주차가 트랙을 질주하고 있다.

특이한 것은 아우디의 경영진 세대교체다. 아우디는 2007년 1월, 44세의 루퍼트 슈타들러를 사장으로 임명했다. 부사장단이 모두 50대 중반인 점을 감안하면 혁신적인 인사였다. 슈타들러는 1990년 아우디에 입사해 영업·마케팅·상품기획·인사·재무 경력을 쌓아왔다. 젊은 사장이 50대 중후반의 담당 임원을 독려하는 시스템으로 바뀌었다. 그해 BMW도 40대 후반으로 회장을 교체했다.

슈타들러 회장은 취임 이후 한목소리로 아우디 성공의 유전자인 '진보와 혁신'을 외쳤다. 당시 90만 대 수준이던 연간 판매를 수년 내에 100만 대까지 끌어올리겠다고 약속했다. 그리고 목표는 세계 1위

(고급차 시장)라고 공언했다.

그의 말은 모두 맞아떨어진 듯하다. 약속을 지킨 경영자가 됐다. 이제 50세를 넘긴 슈타들러는 아우디 브랜드뿐 아니라 아우디 그룹을 관장하는 관록 있는 CEO로 거듭났다. 고급차 시장의 1위 BMW와 연간 판매대수 격차를 10만 대 이내로 좁힌 아우디가 세계 1위에 어떤 방식으로 오를지 궁금해진다.

아우디 디자인을 이끈
슈테판 질라프

　아우디는 기술에서만큼은 경쟁사에 뒤지지 않는다. 혁신적인 세계 최초 기술들을 선보여 왔다. 후발주자였던 아우디의 마지막 승부를 결정지은 것은 디자인이었다. A6에 처음 선보인 커다란 라디에이터 그릴을 일컫는 '싱글프레임'은 아우디의 얼굴이 됐다. 촘촘히 박힌 다이아몬드를 연상시키는 LED 라이트도 아우디가 세계 자동차 업계에 전파시킨 디자인이다. 전문가들은 "아우디는 신차마다 새로운 느낌을 주는 디자인 능력이 탁월하다. 우아함뿐 아니라 날렵하고 스포티한 성능이 디자인에서 물씬 풍긴다"라고 평가한다.

　아우디는 외관뿐 아니라 고급스러우면서도 감성적인 인테리어도 세계 최고로 꼽힌다. 별도의 촉각·후각·청각 팀을 운영하면서 오감五感을 만족시키는 감성품질을 추구한 결과다.

　이런 감성 디자인을 이끌고 있는 사람은 2006년부터 아우디 디자인 총괄을 맡고 있는 슈테판 질라프다. 나는 190센티미터의 큰 키에 꽃미남인 그와 열 번쯤 만나 디자인 철학에 대해 토론한 바 있다. 그 역시 유럽 자동차 디자이너 총괄을 가장 많이 배출한 영

범퍼까지 내려온 커다란 라디에이터 그릴
(싱글프레임)이 돋보이는 아우디 Q5.

국왕립아트스쿨RCA 출신이다. 질라프는 "싱글프레임은 다이내믹 하면서도 기품이 흐르는 아우디 내면의 힘을 표현했다. 우아함, 진보성, 스포티로 대표되는 아우디 디자인 철학이 그대로 반영됐다"고 설명한다. 이어 "항상 자동차 디자인의 아이콘이 될 수 있는 것을 추구한다. 그래서 아우디가 하면 대부분의 자동차 업체가 따라 한다. A4에 세계 최초로 사용된 LED 라이트가 대표적이다"라고 말했다. 디자인 총괄의 역할에 대해서는 "최고경영자에게 다양한 디자인 아이디어를 추천하는 것이다. 단 아무리 진보적이라도 생산하기 쉬워야 한다. 고객 자신도 몰랐던 새로운 욕구(트렌드)를 만

그녀가 타고 떠난 그 차

들어내는 디자인도 중요하다"고 피력했다.

그는 또 "때로는 '노No'라고 말할 수 있는 결단도 디자인 총괄의 중요한 역할"이라며 "팀원들에게 정확한 가이드라인을 줄 수 있는 경험과 조직을 이끌 리더십 역시 중요한 자질"이라고 덧붙였다.

자동차 디자이너로 성공하고 싶은 한국인들에게 조언을 부탁하자, "아우디에도 한국계 디자이너가 서너 명 근무한다. 능력이 탁월하다. 디자이너로 성공하려면 가장 먼저 출근하고 저녁에 늦게 퇴근하는 것은 감수해야 한다. 일에 대한 진지함, 성실한 태도가 기본이다. 디자이너들은 창조력이 풍부하고 예술성이 강해 이런 사람들을 잘 다룰 줄 아는 대인관계people skill에 능통해야 한다"고 말했다.

세계적 디자인 학교인 RCA는 세계적인 자동차 디자이너를 배출하는 산실로 유명하다. 이곳에서 무엇을 배웠는가를 물었다. 그는 "RCA는 철저히 혼자 살아남는 법을 터득하게 해주는 곳이다. 또 다양한 국가에서 온 최고 인재들과 교류하면서 많이 배웠다. 졸업 후 최고급 정보를 교류할 수 있는 네트워크가 된다. 디자인 업계의 하버드 경영대학원MBA이라고나 할까. 한국 친구로는 김태완(전 한국GM 디자인 총괄) 씨가 RCA 동기다."

영국 **재규어**

7

스포츠 성능과
엘레강스함을 갖춘
영국의 명차

전 세계에서 가장 아름다운 자동차

가장 좋아하는 자동차 디자이너 가운데 한 사람이 재규어의 이안 칼럼(현 재규어 디자인 총괄)이다. 우선 그는 압도적이지 않다. 무슨 이야기냐면, 그는 적당한 키에 부담스럽지 않은 얼굴로 멋진 영국식 발음의 영어를 구사한다. 더구나 자신의 열정을 디자인이라는 언어로 제대로 바꾸어 전달하는 사람이다. 그는 스케치의 중요성을 강조하는데, 디자이너의 천재성보다는 노력을 중요하게 여긴다. 다른 메이커의 디자인 총괄이 상업성 있는 자동차 디자인에 주력하는 데 비해 미미하나마 예술성을 가미하기 위해 애쓰는 디자이너다.

영국왕립예술학교RCA 출신인 그는 동생 머레이 칼럼(현 포드 북미 디자인 총괄)과 함께 몇 안 되는 영국 디자이너로 재규어의 전통을 지켜오고 있다. 그를 통해 들은 재규어 디자인의 특징은 아이러니하게도 영국 차라기보다 '웃음을 주는' 디자인이었다. 60년이 넘은 재규어 디자인의 전통 어딘가에 익살이 살아 있다는 의미다. 영국 귀족의 차가 익살을 이야기하고 있다는 게 흥미로운 포인트다.

1990년대까지 고급차를 대표하는 브랜드는 유럽의 벤츠와 BMW, 재규어, 미국의 캐딜락이었다. 새로운 강호가 뛰어들기 어려운 이 시장에 1990년대 격변이 일어났다. 폭스바겐과 더불어 평생 대중차로 머물 줄 알았던 독일 아우디가 프리미엄 시장에서 급부상했고, 토요타가 렉서스 브랜드로 돌풍을 일으킨 것이다. 신흥 세력의 등장으로 고전을 면치 못하며 시장을 뺏긴 게 재규어와 캐딜락이다.

재규어는 1950년대부터 영국 귀족들의 전용차로 유명했다. 긴 선으로 대표되는 우아한 디자인과 레이싱의 전통을 되살린 고성능으로 독일차와 차별화했다. 특히 재규어는 창업자 윌리엄 라이온스 경의 이름을 딴 '라이온스 라인'이라는 독특한 디자인 아이덴티티를 지켜왔다. XJ 모델에 사용된 네 개의 원형 헤드라이트와 우아한 보닛 곡선은 멀리서 봐도 재규어임을 알아볼 수 있는 특징이 됐다.

영국 최초 자동차 재규어의 역사

"아름다운 고성능 Beautiful Fast Car." 영국 최초의 자동차 브랜드인 재규어는 고급 세단 스타일을 리드하는 개성적인 디자인과 수작업의 장인정신, 첨단기술의 조화를 추구해왔다. 특히 재규어는 "모방의 대상이 될지언정 어떤 것도 따라하지 않는다 A Copy of Nothing"라는 철학을 바탕으로 지금껏 독창적인 디자인을 선보여왔다. 뒷좌석이 다소

재규어 E-타입 옆에 선 창업자 윌리엄 라이온스.

재규어의 전통적 리퍼 엠블럼.

불편할지라도, 실내 크기가 경쟁차보다 작더라도 재규어만의 고풍스러운 디자인을 지켜온 것이다.

재규어의 독특한 디자인 원형은 정글의 맹수 재규어에서 출발한다. 재규어는 평소 유연한 움직임을 보이지만, 먹잇감을 발견하면 맹렬한 속도로 달리는 것으로 유명하다. 혹자는 이렇게 말한다.

"우아한 영국 신사와 같은 아름다운 외관을 갖추고서도 도로에서는 엄청난 주행 성능을 발휘하는 이 차는 재규어의 날카로움과 상호 접목돼 있다."

'Beautiful Fast Car'라는 재규어의 브랜드 정체성이 드러나는 부분이다.

재규어는 회사 이름부터 로고, 엠블럼까지 모두 일관되게 재규어란 동물을 적용하는 유일한 브랜드다. 2007년까지 기존 재규어 모델의 보닛에는 재규어가 펄쩍 뛰어오르는 모습을 형상화한 조각품을 달았다. '리퍼Leaper'라고 불리는 특유의 엠블럼이다. 이는 재규어의 브랜드 아이덴티티를 극명하게 드러내는 특징으로 재규어 모델에서 공통적으로 볼 수 있다.

재규어의 모태는 1922년 모터사이클의 사이드카를 제작한 '스왈로우사이드카'다. 창업자는 윌리엄 라이온스 경이다. 2차 세계대전이 끝난 뒤에는 1945년 회사 명칭을 재규어자동차회사Jaguar Cars Limited로 변경하고, 1948년에 직렬 6기통 엔진과 첨단의 오버헤드 캠샤프트가 장착된 XK120을 출시한다. 이 차의 최고 시속은 200킬로미터로 당시 세계에서 가장 빠른 양산차로 기록됐다. 재규어는 이 시절 자동차 레이싱에서 발군의 성적을 내면서 고급차로 변신했다.

당시 유럽 자동차 경주는 4개국의 경쟁이 불을 뿜었다. 영국은 재규어를 상징하는 녹색, 독일은 은색, 이탈리아는 레드, 프랑스는 블루로 대표됐다. 재규어는 C·D-타입 경주차로 1950년대 다섯 번의 르망 레이스 우승을 거머쥐었다. 시상대를 그린이 점령한 것이다.

1961년에는 전 세계 자동차 마니아들을 깜짝 놀라게 했다. 제네바 모터쇼에 E-타입 3.8을 처음 소개한 것이다. 이 차는 지금까지도 자동차 역사상 가장 아름다운 차로 꼽힌다. 긴 앞 부분과 공기역학을 고려한 도드라진 보닛의 곡선은 스포츠카 냄새를 물씬 풍긴다. 하지만 상대적으로 뒷모습은 빈약하다. 2011년 제네바 모터쇼에서 E-타입은 다시 등장했다. 50주년을 기념해서다. 제네바 모터쇼에서 실물

자동차 역사상 가장 아름다운 차로 꼽히는 E-타입.

을 만난 E-타입은 감동 그 차제였다. 2차 세계대전의 참화를 겪고 풍요로운 자본주의가 꽃을 피운 1960년대의 여유가 물씬 느껴졌다. 기름 냄새만 맡아도 굴러가야 하는 친환경차가 대세인 요즘에 만난 E-타입은 자동차에 대한 꿈과 열정을 보여주는 차다.

그녀가 타고 떠난 그 차

다시 재규어의 역사로 돌아가자. 레이싱으로 명성을 쌓은 재규어는 1968년 라이온스 경의 디자인 철학이 담긴 대형 세단 'XJ6 살룬'을 출시하면서 고급차 반열에 오른다. 최고급 모델인 XJ의 모태가 된 차다. 1972년, 12기통 엔진을 탑재한 XJ12 모델은 세계에서 가장 빠른 4인승 차량으로 기록되었고, 같은 해 최상급 다임러 버전이 출시됐다.

이 차의 시작은 흥미롭다. 이름은 재규어 내부 프로젝트명으로 사용된 '실험적인 재규어 eXperimental Jaguar'에서 유래했다. 재규어의 XJ 시리즈는 자동차 디자인과 성능의 새로운 기준을 만들어왔다. 레이싱으로 단련된 회사가 대형 세단을 만드는 것은 대단한 모험이었을 것이다. 이런 점에서 실험적인 차가 결국 재규어를 강력한 프리미엄 브랜드에 올려놓은 것은 우연이 아니다. 세상의 변화에 적응한 것이다. 소비자들이 레이싱카처럼 잘 달리면서도 편안하고 넓은 차를 타고 싶었던 결과다.

재규어를 상징하는 리퍼 엠블럼이 사라진 XJ.

하지만 재규어는 1980년대 영국병의 희생양이 된다. 악화된 노사 관계로 품질 불량이 이어지면서 1990년 미국 포드 그룹에 편입된 것이다. 또 다른 시련의 시작이었다. 볼보와 마쓰다까지 장바구니에 담은 포드는 비용 절감을 위해 이들의 차체를 이용해 재규어 신차를 내놓았다. 결국 재규어의 프리미엄 이미지는 손상됐고 정체성까지 흔들렸다.

정체성의 혼란을 겪던 포드 그룹 시절

재규어는 1999년 S-타입을 론칭하여 사상 유래 없는 판매 대수를 기록했다. 2001년 재규어 첫 전륜구동인 X-타입의 발표와 함께 최고급 프리미엄 모델 XJ, '가장 빠른 차'의 명성을 잇는 스포츠카 XK, 재규어의 모방할 수 없는 디자인을 살린 스포츠 세단 S-타입으로 이어지는 라인업을 구축해 연간 20만 대를 생산하는 프리미엄 브랜드로 거듭났다.

하지만 문제는 포드였다. 모회사 포드의 간섭으로 재규어의 프리미엄 이미지가 흔들린 것이다. X-타입의 경우 볼보 S80뿐 아니라 포드의 중형 세단 몬데오와도 차체를 공유했다. 그 때문에 수십 년간 후륜구동 차량만 만들었던 재규어가 고급차답지 않은 전륜구동을 내놓았다. 3,000만 원짜리 몬데오와 6,000만 원짜리 재규어 X-타입이 차체를 공유한다면 몬데오가 얻는 득보다 재규어가 보는 손해가 훨씬 크다는 결과가 나왔다. 프리미엄 브랜드는 '브랜드' 그 자체만으로도 1,000만 원 이상을 더 받을 수 있다. 단지 프리미엄이 주는 고급스런 재질과 인테리어 때문이 아니다. 거기에는 '나만의 차별화된 유니크함'이라는 의미가 내포돼 있다. 가격이나 기능적인 수치가 아닌 '이미지'인 것이다. 그런데 대중 브랜드인 포드의 몬데오와 이런저런 부분이 같다는 소리가 나오면 프리미엄 이미지가 떨어진다. 그렇다고 해서 상대적으로 몬데오 효과를 보는 것도 아니었다. '몬데오가 재규어 및 볼보의 차체를 같이 써 프리미엄 냄새가 난다'는 소비자보다는 '재규어가 몬데오와 차체를 같이 쓸 정도로 품위가 떨어졌어!'라고 하는 소비자가 더 많아진 것이다.

재규어가 모델 수를 늘린 이유는 좀처럼 흑자를 내지 못해서였다. 재규어는 결국 '경제성'의 포로가 돼 생산량을 늘렸지만, 포드 그룹

'재규어라는 이름만 빼고 모든 것이 다 바뀌었다'라고 평가받는 XF.

의 다른 모델과 차체나 엔진 등을 공유하는 방법을 통한 것이었다. 이것은 결국 고급차 재규어의 정체성을 흔들었다. 레이싱의 전통을 이어받은 차, 영국 신사들의 차 재규어가 대량생산과 대중성을 대변하는 미국차와 다를 바 없어졌다는 혹평이 쏟아졌다.

중형차인 C세그먼트 X-타입과 준대형급인 D세그먼트 S-타입은 차체 크기 이외에 별다른 차이를 두지 못했다. 외관 디자인은 재규어의 전통을 지켰지만 실내 인테리어는 경쟁차보다 뒤졌다. 포드의 원가 절감 정책에 따라 실내 플라스틱이나 마무리 재질에서 포드의 여타 모델과 큰 차이를 두지 못했다. 고급차여야 할 재규어가 이름만으로 가격을 올린 고가차가 돼버린 것이다. 최고 마력이나 차체 크기 같은 제원표의 수치보다 점점 인테리어 같은 감성 품질을 주목하는 시대에 재규어는 거꾸로 가버린 셈이다.

포드를 벗고 인도에서 서광을 찾다

2007년 재규어에 변화의 기회가 찾아왔다. 포드가 경영이 어려워지면서 재규어를 인도 타타에 매각한 것이다. 그해 이안 칼럼이 재규어 디자인 총괄로 다시 부임했다. 페라리에 버금가던 영국 스포츠카 애스턴 마틴을 멋지게 살려냈던 그는 상처 입은 재규어의 이미지를 대수술했다. 바로 주인공이 혁신적인 디자인으로 단장한 스포츠 쿠페 스타일의 XF다. '재규어 이름만 빼고 모든 것을 다 바꿨다'는 평가를 받으며 XF는 성공적인 판매고를 올렸다. 칼럼의 두 번째 작품인 대형 세단 XJ도 히트를 이어갔다. 100퍼센트 알루미늄 차체로 경쟁 모델보다 100킬로그램 이상 가볍고 우주선 제작 기법인 리벳 본딩 방식을 도입해 단단한 고성능 세단으로 변신했다. 너무 많이 팔려 식상해진 벤츠 S클래스, BMW 7시리즈의 최적의 대안이 된 셈이다. 재규어는 한국에서도 승승장구하고 있다.

흥미로운 점은 새로 나온 XF, XK, XJ의 경우 보닛 위의 리퍼 엠블럼이 없어지고 재규어 전통의 크롬매시 그릴이 넓어졌다. 재규어에서 '재규어'가 사라진 것이다. 대신 매시 그릴 중앙에는 재규어가 포효하는 모습을 담은 '그롤러Growler' 엠블럼을 붙였고 '리퍼'는 배지 형태로 변해 트렁크 리드쪽으로 옮겨졌다. 더 이상 동물 형상의 재규어는 찾아보기 어렵게 됐다. 하지만 재규어는 멋진 변신에 성공했다.

현재 XF, XK, XJ라는 재규어의 라인업은 후륜구동이다. 왜 전륜구동인 X타입의 후속을 만들지 않느냐고 묻는 사람이 있을 수 있다. 정답은 앞서 설명한 대로다. 포드와 결별한 뒤 전륜구동인 몬데오 차체와 플랫폼을 넘겨받을 수 없거니와 받을 필요가 없어서다. 당분간 재규어에서 XF보다 작은 차는 생산하지 않을 것으로 보인다. 하지만 점점 소비자들은 고유가에 단련되면서 효율성 높은 소형차를 원한다. 시대의 흐름이 이렇다면 X-타입 크기의 후륜구동 재규어를 만나는 것은 시간문제로 보인다.

이안 칼럼과 재규어

현존하는 세계 3대 자동차 디자이너 (혹자에 따라 5대로 평가하기도 한다)로 인정받는 재규어의 디자인 총괄 이안 칼럼은 1999년 재규어 수석 디자이너로 임명된 뒤 뉴 XJ, 뉴 S-타입 페이스 리프트를 주도했다. 2001년에 R-Coupe Concept를 시작으로 R-D6 Concept, XF의 시

재규어의 전통적 디자인을 현대 감각에 맞게 바꾼 XK.

초가 된 C-XF 등 수많은 콘셉트카를 디자인했으며, 스포츠카인 뉴 XK와 XF, 올 뉴 XJ 등에서 재규어 전통적 디자인을 현대 감각에 맞게 바꾸었다. 그는 재규어 리퍼 엠블럼을 없앤 장본인이다.

그가 없앤 것이 리퍼 엠블럼뿐일까. 그는 신형 재규어에서 신기술을 통해 인테리어 변혁을 시도했다. 가장 큰 부분은 운전석 옆에 자리 잡은 변속레버. 재규어는 원형 변속레버로 변신을 시도했다. 기어 조작을 간편하게 한다고 하지만 디자인 변혁에 더 가깝다.

현재 재규어 전 차량인 XF, XK, XJ에는 업계 최초로 원형의 변속레버인 '재규어 드라이브 셀렉터'가 적용돼 있다. (아직까지는 다른 어떤 업

재규어 드라이브 셀렉터.

체도 따라하지 않는다. 기존 변속기 라인과 고비용 때문이다) 시동을 켜면 원형 드라이브 셀렉터가 위로 솟아오른다. 운전자는 손바닥에 쥐어지는 원형 변속레버를 좌우로 돌려 드라이브 모드(P, R, N, D, S)를 선택하면 된다.

    평소 만화를 좋아한다는 이안 칼럼만의 독특한 아이디어가 적용된 게 아닐까 생각한다. 미래의 차에 달릴 법한 장치가 현실에서 구현된 것이다. 드라이브 셀렉터 안에는 스프링이 내장돼 있어 변속을 할 때 기존 레버를 당길 필요 없이 부드럽게 움직일 수 있다. 수동모드일 때는 밀면서 돌리면 변속이 가능하다. 어찌 보면 더 불편할 수도 있지만 센터 공간을 확보하는 데 대단히 용이하다. 드라이브 셀렉터는 작은 사이즈로 컵 홀더와 수납공간 등을 최대로 확보할 수 있도록 해

그녀가 타고 떠난 그 차

준다. 2001년 BMW의 또 다른 이단아 크리스 뱅글이 접목한 운전대에 연결된 칼럼 시프트와 비슷한 장치로 보면 된다. 당시 BMW도 센터 공간을 확보하기 위해 칼럼 시프트를 도입했다.

XF에는 업계 최초인 재규어 센스가 달려 있다. 글로브박스를 열 때 레버를 당기거나 실내등을 켤 때 스위치를 누를 필요가 없다. 글로브박스에 손을 가볍게 대기만 하면 내장된 동작 센서가 인지해 자동으로 열어준다. 별도의 레버나 스위치가 필요 없어 좀 더 깔끔한 디자인을 가능케 한다. 머리 위 실내등에도 센서가 달려 있어 살짝 건드리거나 가까이 손을 가져가면 움직임을 인식해 작동한다. 운전 중이거나 야간에 어두운 실내에서 스위치를 찾아 헤맬 필요가 없다는 것이 재규어의 설명이다. 이런 스마트 장치는 점차 자동차 업계의 대세가 될 전망이다. 당장 GM과 포드의 신형차에도 이런 센서를 이용한 장치가 여럿이다. 지저분한 스위치를 없애고 한결 깔끔한 대시보드와 센터페시아를 꾸밀 수 있기 때문이다. 문제는 오작동이 빈번할 수 있다는 점이다.

재규어는 주인이 여러 번 바뀌는 고난의 역사를 겪어왔다. 하지만 재규어의 유전자는 여전히 살아 꿈틀거린다. 누가 봐도, 멀리서 봐도 익살이 살아 있다는 재규어 디자인은 재규어뿐이다. 그리고 시동을 걸면 레이싱 혈통이 살아난다. BMW처럼 승차감이 딱딱하지 않으면서도 스포츠카의 혈통을 그대로 지니고 있다. 밟은 만큼 달려주고 내 몸과 한몸이 되어주는 그런 전통이다. 몸을 실어보면 느껴지는 그것, 그것이 재규어다. 이런 재규어를 누가 좋아하지 않을 수 있을까.

디자인 업계의 전설
이안 칼럼

　재규어의 이안 칼럼은 현존하는 최장수 디자인 총괄로서, 살아 있는 업계 전설로 통한다. 그는 영국 스포츠카인 애스턴 마틴의 디자인을 현대화하면서 유명해졌다. 재규어가 포드 그룹에 속해 있을 당시 포드에서 동생 머레이 칼럼과 함께 형제 디자이너로 일한 것으로도 잘 알려져 있다. 머레이는 마쓰다 디자인 총괄을 거쳐 현재 포드 디트로이트 디자인센터 수석 디자이너로 활동한다.
　그는 '워커홀릭'으로 알려져 있다. 제때 퇴근하는 경우가 없다. 밤샘 작업이 수도 없고 "쉬는 날도, 여행을 가서도 스케치를 한다". 그렇다고 무절제한 것은 아니다. 그가 가장 중요하게 여기는 것은 기본이라는 스케치다. 늘 기본을 강조하는 그는 학력 좋은 디자이너가 그림을 못 그리는 경우도 있다고 했다. 그는 아버지, 동생과 함께 집 창고에서 자동차를 분해하던 어릴 때부터 자동차를 사랑했던 '카 가이'였다.
　그는 멋진 영국식 영어를 구사하면서도 영어를 잘 못 하는 나를 위해 이해하기 쉬운 단어를 골라 썼다. 수많은 언론 인터뷰에 단련된 그는 '언어의 마술사'였다. 손쉬운 예를 들어가며 어려운 디자인 요소를 쏙쏙 머리에 박히도록 설명해줬다.

경력과 학력은 자동차 디자인에서는 엘리트 코스다. 그는 영국 왕립예술학교RCA를 나왔다. 동생 머레이도 RCA 후배다. 기아차에서 한창 주가를 올리고 있는 피터 슈라이어 디자인 총괄도 RCA 1년 후배란다. 다음은 2011년 제네바 모터쇼와 2013년 서울에서 이안 칼럼과 한 시간 동안 인터뷰한 내용이다.

"요즘 세계 자동차 업계의 화두는 친환경차다. 친환경 디자인의 특징은 무엇인가?"
— 친환경차 디자인은 윈드 터널(강한 바람이 나오는 실험실)을 이용한 공기역학(에어로 다이내믹)의 결정체라고 할 수 있다. 자동차 디자이너들은 1960년대 이후부터 공기역학을 적극 반영했다. 당시는 바람의 저항을 연구했다고 하면 지금은 연비를 높이기 위해 작은 도어 손잡이까지 공기역학을 테스트한다. 어떤 디자이너도 이를 피해갈 수 없다. 점점 엔지니어의 영역이 커지고 있다. 뉴 XJ는 이런 공기역학의 결정체라고 할 수 있다.

"최근 친환경차는 예전보다 화려한 디자인도 많다. 친환경 디자인에 제약은 없는가?"
— 예전처럼 멋을 부리기 어렵지만 소재가 좋아져 조각 같은 디자인을 할 수 있게 됐다. 강철보다 150킬로그램 이상 가벼

운 뉴 XJ의 알루미늄 보디가 대표적이다. 소재와 부품이 소형화, 경량화가 진행돼 디자인 자유도는 더 높아졌다.

"프리미엄 브랜드는 대중차와 달리 멀리서 봐도 어떤 차인지 알 수 있는 통일된 디자인이 공통점이다."
― 영국 특유의 유머와 레이싱 전통의 스포티함이 디자인 아이덴티티다. 뉴 XJ를 보고 '재규어가 아니다'라고 말하는 경우도 있는데, 1960년대에 내 아버지 친구도 당시 XJ를 보고 '재규어가 아니다'고 했다. 하지만 그 차를 샀고 누구보다도 진짜 재규어라며 좋아했다. 재규어는 '그 시대를 반영한 럭셔리한 현대적인 감각Contemporary Luxury Modernism'이 키워드다. XJ를 보면 잘 달릴 것 같은 느낌이 나면서도 지루하지 않다. 스포티와 함께 익살도 느껴지지 않는가.

"요즘 모터쇼에 올 때마다 '한국차 디자인이 좋아졌다'는 소리를 자주 듣는다. 어떻게 달라졌나?"
― 현대기아차의 디자인은 세계적이다. 어제 기아차 피터 슈라이어 디자인 총괄과 점심을 했다. 그는 RCA 1년 후배다. 기아차에서는 슈라이어의 디자인 감각이 곳곳에서 느껴진다. 하지만 모두 그의 역량이라기보다는 한국 디자이너 수준이 세계 수준에 올라섰다고 본다. 한 사람의 디자인 총괄이 모든 디자인을 향상시킬 수는 없다.

영국 특유의 유머와 레이싱 전통의 스포티함이 바로 재규어의 디자인 아이덴티티다.

"디자인 총괄이 되고 싶은 학생들이 한국에 많다. 해외 디자인 학교에 한국인 유학생이 넘쳐난다. 조언을 해준다면?"

― 무조건 많이 그려야 한다. 일류 자동차 디자이너가 꿈이라면서 드로잉을 못하는 경우도 여럿 봤다. 일류가 되려면 10퍼센트의 재능은 꼭 필요하지만, 많이 그리고 창조적인 생각을 하는 노력이 90퍼센트라고 본다. 지금도 늦지 않았다. 많이 그려라. 다음은 자신의 작품에 비판적일 수 있어야 한다. 절대 만족해서는 안 된다. 그래야 다음 신차 디자인이 더 좋아진다. 그런 점에서 최고의 디자인은 없다. 항상 다음이 최고다.

이탈리아 **페라리**

8

F1 슈퍼 레이싱카를
도로에서 만나다

이름만으로도 모두를 흥분시키는 자동차, 페라리

페라리는 단순히 빨리 달리는 스포츠카가 아니다. 빼어난 디자인뿐 아니라 오감五感을 만족시킨다. 그래서 페라리는 차를 파는 게 아니라 '꿈을 판다'고 마케팅을 한다.

우선 시동을 걸면 웅장한 엔진과 배기음 소리에 귀가 호사를 한다. 황홀한 오케스트라의 연주처럼 V8, V12기통 엔진들이 연주를 쏟아낸다. 눈도 호사롭다. 이탈리아 전문 디자인 업체 피닌파리나의 디자인은 페라리를 바퀴가 네 개 달린 자동차에서 소장 가치가 있는 조각품으로 변모시킨다. 촉감은 영락없는 최고급 소재의 향연이다. 외관 도장의 매끄러움뿐 아니라 실내 인테리어 알칸타 가죽은 손가락이 닿는 곳곳에 편안함과 럭셔리라는 영감을 줄 정도다.

후각 역시 빼어나다. 실내 가죽과 인테리어 소재에서 베어 나오는 은은한 향은 초콜릿, 아니 고급 와인의 아로마를 느끼게 한다. 그렇다면 입맛은 어떨까. 페라리의 빼어난 자태와 함께 어떤 악기로도 흉내 내기 어려운 배기음을 듣고 나면 입에 군침이 돈다. 마치 한 겨울 군고구마 아저씨가 쓴 '벙거지'를 봤을 때처럼 말이다. 고구마가 익는 달콤한 향처럼 페라리는 입맛을 돋우는 첨가물이다.

나는 두 번이나 페라리의 고향 이탈리아 마르넬로에 가본 경험이 있다. 특히 2007년 5월 페라리 60주년 행사가 기억에 남는다. 전 세계에서 모여든 페라리 팬들이 1960년대 페라리부터 말 그대로 페라리 퍼레이드를 벌였다. 누가 요구해서가 아니라 페라리를 사랑하는 고객 스스로 원해 참여한 것이다.

페라리는 전 세계 어디서나 '부의 상징'으로 통한다. 차 한 대당 가격이 수억 원씩이나 하는 고가라서가 아니다. 스페셜 또는 한정판매(리미티드 에디션)라는 독특한 마케팅 기법을 쓴 덕이다. 돈만 있으면 누구나 언제든지 살 수 있는 비싼 차라는 이미지를 벗어났다. 연간 생산 대수도 많아야 7,000대가 채 안된다. 창사 이래 지금까지 판매한 차량이 겨우 12만 대에 불과하다.

페라리는 고급차 메이커인 벤츠, BMW와는 성격이 판이하게 다르다. 수요보다 공급을 적게 하는 게 전략이다. 따라서 세계 경제 위기와 페라리 고객과는 큰 관련이 없다. 통상 페라리 고객의 예금 잔고(부동산이나 펀드 등에 투자한 자산 이외의 순수 현금성 자산)에는 500만 달러(약 55억 원) 이상이 들어 있다. 차량에는 생산 날짜와 순번, 고객 이름을 새겨준다. 이런 페라리 오너들은 보통 한 달에 한두 번 정도 운전을 한다. 5~10퍼센트의 고객은 1년에 한 번 정도 시동을 걸뿐 자동차로서의 성능이 아니라 예술품처럼 컬렉션을 즐긴다. 구매한 후 단 한 번도

페라리는 맞춤제작 방식을 따른다. 612 스카글리에이티의 경우, 출고에서 주문까지 총 22개월이 소요된다.

타보지 않은 경우도 있을 정도다. 페라리는 고성능뿐 아니라 빼어난 디자인으로도 유명하다. 엘레강스한 이탈리아의 전통을 담아낸 디자인 전문 업체 피닌파리나의 공적이다.

현재 생산되는 페라리의 모든 차종은 출력이 500마력 전후다. 정지 상태에서 시속 100킬로미터까지 가속하는 데 길어야 3, 4초가 걸린다. 판매하는 모델도 많지 않다. V8 4,308cc 490마력 엔진 MR(엔진이 차체 가운데 놓인 형태) 방식의 F430과 F430 스파이더, V12 5,748cc 540마력 엔진 FR(보닛에 엔진을 얹은 후륜구동) 레이아웃의 612 스카글리에티와 V12 5,999cc 620마력 엔진 FR 방식의 599 GTB 피오라노, V8 4,499cc 570마력의 458 이탈리아 등의 모델을 생산한다. 고객의 취향에 따라 맞춤제작 방식을 고수하는데다, 수작업이 많아 612 스카글리에티의 경

페라리는 2011년 사륜구동 4인승 FF를 출시했다. FF는 서킷뿐 아니라 험로에서도 안정된 주행력을 자랑하는 전천후 차량이다.

우 주문에서 출고까지 22개월이 걸린다.

　이처럼 운전이 어려울 것 같은 스포츠카만 생산하는 페라리가 2011년 재미있는 신차를 내놨다. 사륜구동 4인승 FF다. '페라리 포 Ferrari Four'의 약자로 4인승과 4륜구동을 의미한다. 혹자는 "페라리가 무슨 사륜구동? 그것도 4인승이라니"라고 혹평을 할지도 모른다. 하

그녀가 타고 떠난 그 차

지만 요즘 돈 많은 부자들은 페라리의 거친 드라이빙 성능보다 안전하고 맘만 먹으면 탈 수 있는 편한 차를 원한다. 그런 소비자의 요구에 페라리가 대응에 나선 것이다. 국내에서도 FF는 여러 대 팔렸다.

    FF는 페라리의 유전자를 그대로 계승했다. 우선 성능으로 압도한다. V12기통 6,262cc 직분사 엔진을 달고 8,000RPM에서 최고 660마력의 출력을 낸다. 포뮬러1 F1 레이스에 사용되는 7단자동-듀얼 클러치 변속기를 달았다. 정지 상태에서 3.7초 만에 시속 100킬로미터까지 가속이 가능하다. FF는 서킷뿐 아니라 눈길이나 빗길, 진흙길 같은 험로에서도 달릴 수 있는 전천후 차량이다.

    페라리의 사륜구동 시스템은 경쟁 차에 비해 약 50퍼센트가량 무게를 줄였다. 스포츠카에서 중요한 요소인 무게 배분을 앞 47퍼센트, 뒤 53퍼센트로 거의 같게 해 급격한 코너에서도 제대로 균형을 유지할 수 있게 했다. 네 명이 승차할 수 있을 뿐 아니라 트렁크(450L)에는 골프백 두 개도 실을 수 있어 스포츠카 성능에 장거리 투어러 기능을 더했다.

FF는 지금까지 페라리가 제작한 차량 중에서 가장 운전하기 쉽다는 매력을 지니고 있다. 그렇다고 얌전하지만은 않다. 서킷에 들어서면 최고 시속 335킬로미터를 가뿐히 뽑아내는 폭주족으로 변신한다.
　요즘 마세라티와 람보르기니가 SUV를 만든다고 열심이다. 스포츠카만으로는 먹고 살기 쉽지 않기 때문이다. 부자들의 지갑을 열게 하는 데는 SUV만한 게 없다고 하지 않는가. 포르쉐의 SUV 카이엔의 성공이 이들에게도 자극을 준 셈이다.
　그렇다면 페라리도 SUV를 만들까. 페라리 경영층은 수많은 언론들이 SUV 시장 진입을 물을 때마다 "절대 그럴 일은 없다"고 잘라 말한다. 이미 인터넷에 페라리 로고를 단 SUV 콘셉트카가 돌아다니는데도 그렇게 대답한다. 적어도 페라리는 가장 빠르고 가장 럭셔리한 최고급 스포츠카만으로도 이익을 낼 수 있어, 잘하는 분야에 집중한다는 것이다. 고객 주문이 밀려도 공장을 확충하지 않고 2년씩 기다리게 하지 않는가. (나는 조만간 페라리 로고를 단 SUV를 볼 수 있을 것이라고 확신한다.)
　그렇다면 역대 페라리 차 가운데 가장 잘 만든 모델은 무엇일까. 힌트는 창업자 엔초 페라리에서 나온다. 엔초는 늘 페라리가 가장 잘 만든 차는 '다음에 나올 차Next'라고 언급한다.
　페라리 모델 가운데 페라리 이름이 붙지 않은 대중차도 있다. 1965년 출시된 디노 206 GT다. 나는 이 차를 페라리 클래식카 가운데 1957년형 250 테스타 로사(22대 한정판매)와 함께 가장 디자인이 폼 나는 차로 꼽는다. 물론 디노는 3,000여 대가 생산돼 중고차 가격이 약 2만 5,000유로(약 4,000만 원 정도)로 마음만 먹으로 구입이 가능하다는 점도

엔초 페라리가 사망한 큰아들의 이름을 붙인 디노. 페라리의 유일한 6기통 모델이다.

있지만, 앙증맞은 디자인이 눈길을 떼지 못하게 한다.

 희귀 차 소장가들에게 인기 모델인 이 차는 엔초 페라리가 사망한 큰아들의 이름을 붙인 걸로도 유명하다. 당시 경영난을 겪던 페라리는 6기통 엔진을 단 소형 스포츠카를 제작했다. 그전까지 모든 페라리는 V12 엔진을 사용했다. 자존심이 상한 엔초는 페라리 이름 대신 소형 스포츠카에 디노라는 이름을 붙였다. 디노 206 GT를 비롯한 후속 차량이 인기를 끌면서 1976년부터 페라리는 디노 브랜드에 페라리의 엠블럼을 붙이기 시작했다. 디노는 V6, V8 엔진을 달아 가격이 비교적 저렴해 예상밖으로 인기를 누렸다.

페라리의 역사

페라리는 이탈리아 자동차 레이서로 유명했던 엔초 페라리가 1947년 이탈리아 북부의 소도시인 마르넬로에 설립한 회사다. 그는 1929년 자신이 만든 스쿠데리아 페라리팀 드라이버로 활약하다 1933년 아들 알프레도(애칭인 '디노'로 더 유명하가)가 태어나자 아내의 뜻에 따라 드라이버 생활을 접고 페라리를 창업했다. 레이스와 스피드에 한평생을 바친 고집스러운 이탈리아의 장인 엔초는 1988년 아흔 살에 세상을 떴지만, 그는 이름 이상의 명성을 남겼다.

그의 고집은 유난했다. 평생 보라색으로만 글을 썼다. 그가 창단한 자동차 경주팀 스쿠데리아 페라리는 1930년부터 1940년까지 343회 출전에 우승 124회, 2위 82회, 3위 68회의 기록을 남겼다.

페라리 로고를 자세히 들여다보면 노란색 방패 속에 앞발을 쳐든 검은 말이 그려져 있다. 노란 방패는 본사가 있는 이탈리아 북부 마르넬로시를 상징한다. 검은 말은 1차 세계대전 때 전투기 조종사로 영웅이 된 프란체스코 바라카가 자신의 전투기에 그렸던 마스코트다. 바라카는 이 마스코트를 1930년 당시 레이서로 이름을 날리던 페라리 창업자 엔초 페라리에게 하사했다.

페라리는 고가 스포츠카와 한정판매를 고집해 경영상 부침이 심했다. 두 번 부도가 난 끝에 1969년 결국 피아트에 합병됐다. 페라리의 자본 지분은 현재 피아트 그룹 90퍼센트, 피에로 페라리 10퍼센트로 나뉘어져 있다.

페라리 F40은 페라리의 창업자 엔초 페라리가 죽기 전 마지막으로 본 새로운 모델이다.

 페라리 판매 대수는 때로는 국력을 가늠하는 지표로도 쓰인다. 2000년대 초만 해도 페라리 시장은 서유럽, 북미, 일본이 주도했다. 하지만 중국이 2010년 미국 다음가는 시장이 됐다. 국제 사회에서 중국이 'G2'로 올라선 것과 비슷한 추세다. 지금까지 일본은 1만 대 조금 넘는 페라리가 팔렸다. 중국은 6년 만에 1,000대를 돌파해 2015년 1만 대를 넘어설 것으로 보인다. 한국에는 중고차를 포함해 300대 조금 안 되는 페라리가 돌아다닌다.

 자동차 회사로서 페라리는 어떤 위치일까. 일단 매출은 대략 20억 유로 정도다(약 3조 원). 매출은 크지 않지만 영업이익률은 자동차 업계 최고 수준인 12퍼센트를 넘는다. 1990년대까지 3,000여 대를 생산하다 2000년대 이후 경영이 호조를 보이면서 연간 6,000여 대를 생산했다. 10~20년 된 차량이 당시 시판 가격보다 비싼 경우도 종종 있다. 수작업으로 일일이 만들기 때문에 시간이 많이 걸리지만 그만큼 정교하고 고객 개개인의 특성을 그대로 살릴 수 있기 때문이다.

포뮬러1과 페라리

페라리는 자동차 경주의 최고봉 포뮬러1F1과 빼놓을 수 없는 관계다. 1950년 첫 F1 대회부터 단 한 번도 빠지지 않고 참가한 유일한 메이커다. 1952년 처음 챔피언에 올랐고, 지금까지 가장 많은 215회 우승을 했다. 레이싱의 황제 미하엘 슈마허도 페라리팀에서 우승해 명성을 쌓았다. 1972년 이후 엔초 페라리는 내구 레이스와 스포츠카 챔피언십에서 손을 떼고 F1에만 주력했다. 그는 1988년, 90세를 일기로 타계할 때까지 레이싱팀을 지휘했다. 엔초가 생전 마지막으로 지켜본 새 모델은 페라리 F40이었다. 2011년 말까지 페라리는 F1 드라이버 세계 타이틀 15번, F1 컨스트럭터 세계 타이틀 16번, F1 그랑프리 우승 220번을 달성했다.

페라리의 본산, 마르넬로 공장

나는 2007년 여름, 마르넬로 페라리 본사를 방문했다. 이탈리아 북

페라리는 시트의 바느질 뜸 간격이나 색깔, 디자인을 고객이 원하는 대로 선택할 수 있다.
수작업만이 해결할 수 있는 특징이다. 사진은 F430.

부 시골에 위치한 마르넬로는 10층 이상 빌딩을 찾아보기 어려운 작은 도시다. 페라리 직원은 사무직이 700여 명, 생산직이 1,300명 정도다. 특이한 점은 이 가운데 800명 정도가 포뮬러1 경주차를 개발하고 생산하는 부서에서 일한다는 것이다. 612 스카글리에티(3도어 4인승 쿠페)와 F430(2인승 쿠페) 조립라인을 한 시간 반 동안 지켜봤다. 이들 차량의 가격은 각각 4억 원, 2억 원대 후반이다.

자동차를 만드는 순서는 일반 자동차 공장과 마찬가지다. 프레스-차체(용접)-도장-조립 공장이 연결돼 있다. 완성차가 나오는 조립공장은 삼면이 유리로 지어져 상당히 밝은 편이다. 오후 3시 바깥 온도는 38도이지만 실내 온도는 26~27도가 유지된다. 마르넬로의 7, 8월은 말 그대로 뙤약볕이다.

주문생산을 고집하는 페라리 공장은 대규모 자동차 공장과 여러 가지 면에서 다르다. 우선 1,200여 명의 작업자는 오전 8시부터 오후 5시까지 1교대로 일한다. 보통 자동차 공장은 2, 3교대 근무가 보통이다. 그래야 생산량을 극대화시켜 원가를 절감할 수 있기 때문이다. 페라리는 먼저 선주문을 받아 통상 3~6개월 정도 후에 고객에게 인도한다. 주문이 밀려 있다고 생산라인을 확장하지 않는다. 과거 확장했다가 여러 번 망해본 경험 때문이다. 밀린 주문을 소화하면서 연간 6,000대 정도 생산하는 게 가장 경제성이 있다고 판단해서다.

우선 조립공장은 일반 양산차 공장과 달리 컨베이어 벨트 시스템을 갖추지 않았다. 페라리의 경우 차량 한 대에 들어가는 각종 부품을 커다란 수레에 모두 싣고 철도 레일 같이 생긴 레일 위에서 밀고 다니면서 조립한다. 차량 제작의 90퍼센트 이상이 수작업이라 컨베이어 벨트가 없는 것도 일반 자동차 공장과 다른 특징이다.

작업자들은 여유가 있다. 눈을 마주치면 웃음을 짓기도 하고 삼삼오오 모여 잡담하는 모습도 여럿 보였다. 쉴 새 없이 컨베이어 벨트를 타고 일감이 몰려오는 토요타나 현대기아차 공장에선 보기 힘든 광경이다.

조립 과정 중 가장 중요한 차체-엔진 결합 공정에서는 약

페라리 차량을 구입한 고객에게는 정품임을 인증하는 정품인증서가 발급된다.

10분 정도가 걸린다. 숙련된 기능공 네 명이 한 조가 돼 엔진을 접합한다. 모두 수작업으로 나사를 조인 뒤 제대로 조여 졌는지 확인까지 한다. 다음은 내장 공정이다. 여성 기능공 여럿이 눈에 띈다. 이들은 시트 바느질을 하느라 분주하다. 시트 하나에는 소 한 마리의 가죽이 들어간다고 한다. 내장 조립 공정은 앤틱 가구 공장과 흡사하다. 시트의 바느질 뜸 간격이나 색깔, 디자인을 고객이 원하는 대로 선택할 수 있다. 수작업만이 해결할 수 있는 특징이다.

페라리 차의 가장 큰 특징은 100퍼센트 알루미늄 차체다. 알루미늄

필자가 2007년에 받은 미하엘 슈마허의 사인. 슈마허는 2013년 12월 말, 프랑스에서 스키를 타다가 머리를 다쳐 현재 혼수상태다.

은 강철보다 30퍼센트 이상 가볍고 강성이 뛰어나지만, 용접이 어려워 특별한 노하우가 있어야 알루미늄 차체를 만들 수 있다. 요즘 재규어나 아우디의 최고급차도 알루미늄 차체를 사용한다. 강성을 높이고 무게를 줄일 수 있다는 두 가지 장점 때문이다.

수억 원 하는 차를 만드는 페라리 작업자들의 급여는 어떨까. 회사 측은 일반 자동차 공장 작업자 평균 수준이지만 이익을 많이 내 복지만큼은 최고 수준이라고 자랑한다. 페라리에서 일한다는 것은 큰 자부심이라는 말이다.

공장 견학을 끝내고 본사에서 약 1킬로미터 떨어진 피오라노 트랙(자동차 경주장)으로 향했다. 페라리가 자랑하는 3킬로미터 길이의 피오라노는 스포츠카 개발을 위한 핵심 시설이다. 이곳에서 시속 300킬로미터를 돌파하고 시속 150킬로미터에서 급회전을 하는 주행 시험을 한다. 여기서 나온 각종 데이터가 고성능 스포츠카를 만드는 기본이 된다. 앗! 멀리서 많이 본 얼굴이 등장했다. 전설의 포뮬러1 F1 드라이버 미하엘 슈마허다. 2006년 은퇴한 그는 F1 경기에서 유일하게 일곱 번 챔피언을 차지한 당대 최고의 레이서다. 얼른 달려가 사인을 해달라고 했다. 운이 좋았는지 슈마허는 서슴없이 굵은 매직펜으로 큼지막한 사인을 해줬다.

공장 투어는 미디어나 고객에게만 한정돼 있다. 인근 대도시인 볼로냐에는 1100년경에 세워진 세계에서 가장 오래된 대학 등 볼거리가 많다. 이곳을 들렀다가 마르넬로에 반나절 코스로 다녀오면 된다.

특히 모터스포츠 팬이라면 꼭 가볼 만한 장소가 있다. 공장에서 500미터 떨어진 '몬타나' 레스토랑에는 F1 페라팀의 기라성 같은 우승자들의 헬멧과 레이싱복, 사인이 걸려 있다. 미하엘 슈마허가 즐겨 먹는, 이탈리아에서도 손꼽히는 모듬 스파게티(세 종류의 스파게티를 한 접시에 담아 나온다)를 먹어볼 수 있다. 한국에서 먹는 스파게티와는 비교할 수 없는 맛이다. 이탈리아에서 정력을 돋아주는 디저트로 유명한 티라미수 케이크도 잊지 말자. 슈마허는 피오라노에서 연습을 할 때 이 레스토랑에 음식을 주문해 먹었다고 한다.

본사 건너편에는 1988년부터 영업을 한 레스토랑 '카발리노'가 있는데 엔초 페라리와 관련한 유물이 전시돼 있다. 모두 F1과 인연이 있는 집들이다. 본사에서 약 500미터 떨어진 곳에 있는 페라리 박물관에는 페라리가 만든 세계적인 스포츠카 100여 대뿐 아니라, 애니메이션 영화 〈카〉의 소재가 된 실물 자동차를 볼 수 있다.

독일 **포르쉐**

9

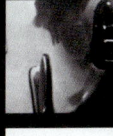

아름다운
스포츠카의 기준

전 세계 남자들의 로망, 포르쉐

로또 복권에 맞아 여가 돈이 생긴다면 어떤 스포츠카를 장만할까? 아마도 가장 먼저 떠오르는 차가 독일의 포르쉐일 것이다. 포르쉐는 남자의 '로망'으로 통한다. 유행을 타지 않는 디자인과 질주 욕망을 자극하는 '우르릉' 하는 저음의 배기음, 마음먹은 대로 도로를 정복할 수 있는 탁월한 성능 그리고 한 번 타면 내리기 싫은 운전의 재미 등 포르쉐를 원하는 이유는 수없이 많다. 특히 911 같은 스포츠카는 정밀기계를 다루는 느낌이 손바닥을 통해 전해질 정도다. 노면의 요철을 그대로 읽어 운전자에게 전달한다. 또 원하는 대로 코너를 돌아낼 수 있다는 자신감을 불어넣어 준다. 게다가 스포츠카에는 앞쪽보다 큰 뒷바퀴를 끼운다. 후륜구동인 포르쉐의 접지력을 극대화할 뿐 아니라, 코너에서 차체가 아스팔트에 접착제를 붙인 듯 달라붙는 느낌을 주기 위해서다.

나는 포르쉐 하면 고성능 스포츠카라는 이미지 외에 '엉덩이가 예

뒷모습이 예쁜 차로 손꼽히는 포르쉐 911 GT3.

쁜 차'가 먼저 떠오른다. 특히 1993년에 나온 마지막 공랭식 엔진을 단 911(코드명 993: 통상 포르쉐 마니아들은 993이라 부른다)을 보면 더욱 그렇다.

2003년, 일본 자동차 연수 중에 20여 명의 993 동호회원과 드라이빙을 한 적이 있다. 꽁무니를 쫓아가며 내내 넋이 나간 듯 993의 뒤쪽 자태만 쳐다봤다. "아, 저렇게 아름다운 뒷모습이 있을까. 꼭 몸매가 잘 빠진 미인의 엉덩이를 연상시키는구면"이라고 연신 중얼거렸다.

그녀가 타고 떠난 그 차

　120여 년 자동차 역사의 본고장 유럽에서는 수없이 많은 스포츠카 업체가 생겼다가 망했다. 페라리, 람보르기니, 벤틀리는 여러 번 새 주인을 찾았다. 스포츠카로 성능은 뛰어났지만 여간 해선 일반 운전자가 손쉽게 운전하기 어려웠던 게 가장 큰 이유다. 그래서 경기를 많이 탔다. 조금만 불황이 와도 재고가 넘쳐 부도 위기에 몰렸던 것이다.

하지만 포르쉐는 82년 역사를 이어오면서 한 번도 망하지 않았을 뿐 아니라, 아직도 창업 일가가 경영에 참여하는 회사 중 하나다. 강력한 오너 리더십도 중요하지만 운전면허증만 있으면 다룰 수 있는 손쉬운 스포츠카를 만드는 노하우가 있다. 또 한 가지, 포르쉐만의 디자인이다. 둥글게 솟아오른 헤드라이트, 잘록한 유선형 디자인과 아름다운 엉덩이를 연상시키는 꽁무니까지……. 엔진에 대한 고집도 대단하다. 스포츠카에 달린 가솔린 엔진은 V형이 아닌 수평대향이다. 피스톤이 서로 마주보고 평행하게 움직여 이런 이름이 붙여졌다. 이러한 경우, 뒷바퀴 접지력을 극대화할 뿐 아니라 무게중심을 낮춰 완벽한 코너링이 가능하다.

포르쉐는 강력한 성능을 입증하는 효과 높은 마케팅 수단인 모터스포츠를 제대로 활용했다. 지금까지 각종 레이싱 경기에서 무려 2만 8,000여 회나 우승했다. 이런 레이싱 유전자는 시동장치에 그대로 드러난다. 포르쉐 경주차는 보다 빠른 출발을 위해 운전자가 왼손으로 시동을 걸면서 동시에 오른손으로 기어를 넣을 수 있도록 시동장치를 왼쪽에 뒀다. 이런 전통에 따라 지금도 모든 스포츠카 모델의 시동 장치가 왼쪽에 있다. 어리숙한 자동차 도둑들이 포르쉐의 시동장치를 찾지 못해 실패했다는 우스게 소리도 나올 정도다.

대신 꽉 막힌 도심 도로에서는 고역이다. 시끄러운 엔진음에 민감한 가속페달 그리고 커다란 앞바퀴를 움직이는 무거운 핸들 등 불편하기 짝이 없다. 그렇다고 출퇴근할 때 못 탈 차는 아니다. 매일 운동 삼아 타면 된다. 그리고 운전의 즐거움을 즐기면 된다. 정체가 풀린

도로에서 출발부터 시속 100킬로미터까지 3, 4초 대에 가속해내는 즐 거움은 타보지 않으면 알 수 없다. 그리고 뻥 뚫린 새벽 고속도로에서 시속 200킬로미터를 넘나드는 아슬아슬함의 재미는 운전자를 숙연하게 만든다. 시속 200킬로미터를 넘으면 앞에 보이는 시야가 확 좁아진다. 옆 차선을 볼 틈이 없다. 손에 땀이 나면서 잡생각이 사라지고, 운전에 몰입되는 현상은 아드레날린이 분출되는 것을 자각할 수 있는 묘한 느낌을 준다.

천재 창업자 페르디난트 포르쉐

포르쉐의 시작은 1931년이다. 창업자는 오스트리아 출신인 페르디난트 포르쉐 박사다. 그는 사명을 자신의 이름을 따 'Dr. Ing.hc. F. Porsche AG(포르쉐 박사 주식회사)'라고 지었다.

30세가 된 포르쉐 박사는 1905년, 독일 다임러(벤츠의 전신)의 오스트리아 지사 기술부장으로 입사했다. 그는 입사 후 스포츠카는 물론 항공기 엔진 개발에도 재주를 보였다. 재능을 인정받은 포르쉐 박사는 10년 만에 연구담당 본부장이 됐다. 그는 1차 세계대전이 끝난 후 소형 레이스카 개발에 몰두했지만 회사가 수익성 높은 대형 세단 개발로 방향을 돌리자 이를 못마땅하게 여겨 1923년 사표를 썼다.

그리고 몇 달 뒤 독일 슈투트가르트에 자리한 다임러 자동차 회사에 들어가 기술부장이 됐다. 그곳에서 그는 슈퍼차저(엔진에 공기를 강제로

창업 초기 포르쉐 패밀리.

압축해 불어넣는 터보의 일종)를 얹은 대형 엔진 개발에 주력했다. 정규 학력은 고졸이지만 1924년 그는 슈투트가르트 공대에서 명예공학박사 학위를 받았다. 오늘날 회사 이름에 적힌 'Dr.'은 이때 받은 학위에서 비롯됐다.

1926년, 다임러가 벤츠와 합병하면서 스포츠카 개발을 등한시하자 그는 미련 없이 회사를 그만두었다. 1930년 12월 1일, 그는 지금의 포르쉐 본사가 자리한 슈투트가르트 주펜하우젠에 사무실을 내고, '포르쉐 설계사무소'라는 간판을 걸었다. 전 세계 남자들의 로망, 포르쉐의 역사가 시작되는 순간이었다.

포르쉐 설계사무소 설립 초기에는 자동차 개발 컨설팅을 주로 했다. 포르쉐 박사는 당시 독일 정부로부터 국민차 사업을 의뢰받았다. 이때 제작한 차가 세계 첫 국민차로 꼽히는 폭스바겐 비틀(딱정벌레)이다. 첫 모델은 공랭식 엔진을 뒷좌석 뒤에 얹은 후륜구동 방식이었다. 2차 세계대전 때는 비틀 차체를 활용해 전투용 장갑차로 개조한 '퀴벨바겐' 같은 무기를 생산했다. 그런 이유로 전쟁이 끝나고 포르쉐 박사는 전범으로 몰려 20개월간 옥살이를 하기도 했다.

비틀 차체로 만든 스포츠카 356

주인을 잃은 포르쉐 회사는 부도 위기에 몰렸지만, 아들 페리 덕분에 기적처럼 살아났다. 1948년, 페리는 비틀 부품을 활용해 소형 스

포르쉐를 명실상부 최고의 스포츠카 브랜드로 올려놓은 356 모델.

포츠카 356을 생산했다. 356의 엔진은 1.1L 40마력을 시작으로 1963년에는 2.0L 130마력까지 발전했다.

356은 포르쉐의 전통을 낳았다. 수평대향 공랭식 엔진을 꽁무니에 얹은 앞뒤 2+2 좌석의 레이아웃은 최종 모델까지 변함없이 이어졌다. 단지 엔진이 공랭식에서 수랭식으로 바뀌었을 뿐 911에 그 유전

그녀가 타고 떠난 그 차

자가 그대로 흐르고 있다. 356은 1965년까지 7만 9,070대가 생산됐다. 포르쉐를 명실상부한 최고의 스포츠카 메이커로 올려놓은 의미 있는 차다.

  세계 경제가 2차 세계대전의 참화에서 벗어나고 미국 경제가 살아나면서 번영의 시대가 왔다. 근근이 356으로 버티던 포르쉐는 변화의 필요성에 직면했다. 소비자들은 356보다 크고 강력한 스포츠카를 원했다. 작고한 아버지의 대를 이은 페리는 새 차 개발에 착수했다. 오늘날 포르쉐를 스포츠카의 대명사 반열에 올린 911이 태동하는 순간이었다.

새로운 스포츠카를 개발하는 과정에서 포르쉐는 적잖은 시행착오를 거쳤다. 처음에는 소비자의 수요가 많은 4인승, 4도어 세단을 만들고자 했다. 이탈리아의 자동차 전문 엔지니어링 업체인 카로체리아 기아Ghia에 의뢰해 프로토 타입까지 만들었다. 하지만 페리의 성에 차지 않았다. 결국 페리는 스포츠카다운 크기와 무게를 유지하되, 2+2 좌석을 갖춘 차를 개발하기로 결심을 굳혔다.

1963년 가을, 포르쉐는 독일 프랑크푸르트 모터쇼에서 2도어 스포츠카 901을 선보이기로 했다. 그런데 뜻하지 않은 걸림돌을 만났다. 프랑스의 푸조가 중간에 '0'이 들어가는 세 자리 숫자의 차 이름을 쓰는 권리를 갖고 있었던 것이다. 결국 포르쉐는 1964년, 901을 양산하면서 이름을 911로 바꾸었다. 전설적 이름 911은 궁여지책에서 비롯된 셈이다.

첫 911은 수평대향 6기통 1,991cc 공랭식 130마력 엔진을 꽁무니에 얹고, 최고 시속 210킬로미터를 기록했다. 911은 출시되자마자 레이스 트랙에 투입돼 우승컵을 잇달아 거머쥐었다.

911은 2013년까지 7세대 진화를 거쳤다. 2.0L로 시작한 배기량은 4.0L까지 늘어났다. 처음 130마력이었던 출력은 530마력으로 진화했다. 여기에 시대의 트렌드에 맞춰 사륜구동 모델이 추가됐다.

1963년에 출시된 포르쉐 901. 푸조 때문에 훗날 911로 모델명을 변경했다.

 이후 911의 진화는 고독한 자신만의 싸움이었다. 엔진이 뒤에 놓인 데다 후륜구동이라 무게중심이 한껏 뒤로 쏠려 운전이 무척 까다로웠다. 엔진을 뒤에 놓은 것은 트렁크 공간을 줄이는 대신 작은 차체에 넓은 실내 공간을 확보하기 위한 묘안이었다. 이런 형태는 초대 비틀에서 비롯됐다.
 포르쉐하면 떠오르는 디자인 아이덴티티 때문에 새로운 변화를 주기도 쉽지 않았다. 무엇보다 매번 성능을 최고로 끌어올려야 하는 스트레스도 만만치 않았다. 1990년대 이후부터는 친환경 규제 강화로 연비와 이산화탄소 배출량도 줄여야 했다. 어려운 숙제였지만 포르쉐는 기술의 장인답게 능숙하게 풀어왔다. 새로운 911을 내놓을 때마

2013년에 출시한 911 카레라 카브리올레.

다 "역시 포르쉐"라는 찬사를 받았다.

 엔진을 꽁무니에 얹으면 무게 배분이 뒤로 처져 직진 가속 때 유리하지만, 내리막 코너에서는 불리하다. 뒷바퀴가 노면을 놓치는 순간, 묵직한 꽁무니가 팽이처럼 빙그르르 돌 수 있기 때문이다. 포르쉐는 절묘한 서스펜션 세팅과 정교한 전자장비의 힘을 이용해 이러한 단점을 기술력으로 감쪽같이 해결했다. 따라서 오늘날의 911에서는 이런 위험을 억지로 만들어내기 어렵다.

스포츠카에서 SUV, 4도어 쿠페까지

1980년대 포르쉐에 위기가 찾아왔다. 모든 생산 차량이 스포츠카뿐이라 경제 환경에 민감했다. 결국 1980년대 말 세계경제 침체의 여파로 부도 위기에 몰렸다.

1990년대 초 당시 '세계 경영'을 내세우고 동유럽에 자동차 공장을 건설하던 한국의 대우자동차에 인수 제의가 들어왔다. 대우그룹 김우중 회장이 포르쉐 실사를 위해 프로젝트 팀을 만들어 독일 본사에 보낸 일화도 남아 있다. 대우그룹은 당시 연간 2만 대 남짓 판매하는 포르쉐의 사업성이 별로 없다고 판단해 인수하지 않았다. 결국 포르쉐는 1991년, 발델린 비데킹이라는 걸출한 경영자가 등장해 생산성을 혁신적으로 높이면서 위기를 넘겼다.

포르쉐는 1990년대 말 근본적인 개혁에 들어가 차종 다양화를 시도했다. 스포츠카뿐인 모델 라인업에서 벗어나려는 노력을 한 것이다. 당시 미국의 신흥 부자들이 스포츠카보다 가족과 함께 레저를 즐기는 스포츠유틸리티차SUV에 매료됐던 것을 보고 고성능 SUV를 개발하기로 결정했다. 이 프로젝트에 의해 출시된 차가 바로 카이엔이다.

스포츠카는 아무리 운전이 쉽고 매력적인 디자인을 뽐내도 문이 두 개에 뒷시트가 좁아 불편한 게 사실이다. 더구나 스포츠카를 찾는 계층은 극소수에 불과하다. 포르쉐는 자신만의 유전자를 살리는 고성능 SUV를 생각해냈다. 넓은 실내 공간의 SUV지만, 질주 본능은

2013년에 출시한 카이엔 터보.

포르쉐라는 것이다.

　1999년, 평소 기술제휴를 해오던 폭스바겐과 공동개발에 들어가 2003년 첫 선을 보인 카이엔은 고성능 SUV 시장을 개척해냈다. 한국에서 '강남 상류층 아줌마'의 차로도 유명한 이 차는 떡 벌어진 위엄 있는 외관에 보닛에는 고성능과 부富를 상징하는 포르쉐 로고가

그녀가 타고 떠난 그 차

붙어 있다.

특이한 점은 엔진의 변화다. 그동안 포르쉐의 심장을 상징했던 수평대향 가솔린 터보 엔진이 아니라, 폭스바겐과 공동개발한 V6 3.0L 디젤을 단 차가 판매의 60퍼센트를 넘는다. 혹자는 카이엔은 사실상 무늬만 포르쉐고, 자세히 뜯어보면 폭스바겐의 SUV 투아렉과 형제차라는 혹평을 하기도 한다. 어쨌든 카이엔은 고성능 럭셔리 SUV를 찾는 부자들의 입맛을 선점해 대박을 냈다. 12년 넘게 이어진 카이엔은 포르쉐 전 세계 매출의 판매 절반을 차지한다. 스포츠카에서 SUV 회사로 변신했다고 해도 과언이 아닐 정도다.

이어 포르쉐는 2000년대 중반, 2인승 스포츠카의 협소한 실내 공간을 해결하기 위해 4도어 세단 시장에 뛰어들었다. 2010년 첫선을 보인 4도어 파나메라는 널직하고 고급스런 실내와 고성능을 두루 갖추면서 스포츠카가 아닌 포르쉐 엠블럼을 단 고성능 세단을 타고 싶은 소비자에게 강력하게 어필했다. 파나메라는 엄격히 구분하면 5도어 해치백이다. 트렁크룸이 실내와 분리

포르쉐의 4도어 세단 파나메라.

돼 있지 않고 뒷 도어가 유리창과 연결돼 위로 열린다. 해치백이라는 말이 가정용 일반 승용차 느낌이 나서인지 포르쉐는 4도어 스포츠 세단 또는 4도어 그란투스리모(장거리 투어용 차)라고 쓴다. 스포츠카가 아닌 두 차의 활약으로 포르쉐는 2012년 연간 판매에서 처음으로 10만 대 벽을 돌파했다. 매출액도 109억 유로(16조 원), 영업이익은 20억 5,000만 유로(3조 1,000억 원)로 역대 최고치를 기록했다. 아울러 2000년

그녀가 타고 떠난 그 차

대 세계에서 가장 영업이익률(연 평균 15% 이상)이 높은 자동차 회사에 등극했다.

포르쉐는 한국에서도 고속 질주다. 2006년 209대 판매에서 2012년 1,516대를 판매해 700퍼센트 이상 증가했다. 2013년에는 2,000대를 가볍게 넘길 전망이다. 속내를 들여다보면 한국 수입차 시장의 특성이 그대로 드러난다. 포르쉐는 스포츠카 브랜드라기보다는 프리미엄 브랜드의 한 부류다. 전체 판매량에서 스포츠카 비중은 20퍼센트가 채 안 된다. 70퍼센트 이상이 SUV 카이엔, 4도어 세단 파나메라다. 사실 전 세계적으로도 포르쉐의 스포츠카 점유율은 25퍼센트 정도다.

변화에 적응력이 뛰어난 유전자 때문인지 포르쉐는 2000년대 이후 누구나 손쉽게 빠른 차를 운전할 수 있도록 하는 기술 개발에 전력을 쏟았다. 스포츠카의 매력에 탐을 내다가도 어려운 운전에 절레절레 고개를 흔드는 운전자를 잡기 위해서다. SUV 카이엔이든, 4도어 파나메라든 운전석에 앉아 시동을 걸면 레이싱 경기에 나온 듯한 흥분을 느끼게 하는 게 포르쉐만의 유전자가 아닐까.

포르쉐의 부활을 이끈
벤델린 비데킹

　포르쉐에는 기라성 같은 경영자가 많다. 우선 창업자 페르디난트 포르쉐 박사가 있다. 그 뒤 어려움을 딛고 1990년대 이후 세계 최대 스포츠카 회사로 발돋움한 데는 벤델린 비데킹 전 회장의 탁월한 경영 능력이 있었다. 독일 명문 아헨 공대 기계공학박사 출신인 비데킹은 1991년 39세의 나이에 최고경영자CEO에 선임됐다. 계열사 사장이던 그가 포르쉐 일가의 후원으로 전격 발탁된 것이다. 독일 자동차 업계 역대 최연소 사장이었다.

　당시 포르쉐는 판매 부진과 과도한 생산원가로 적자의 늪과 파산 위기를 헤매고 있었다. 1988년, 포르쉐의 생산 대수는 5만 8,000대였다. 그런데 1992년에는 1만 3,800대로 뚝 떨어졌다. 그해 2억 5,000만 마르크의 적자를 냈다. 당시 포르쉐의 1년 인건비는 9억 마르크. 엄청난 위기였다. 비데킹은 취임 첫 달에 직원 1,850명을 명예퇴직시켰다. 1992년까지 2,000여 명의 직원이 일자리를 잃었다. 그리고 임원이 되기까지 과정을 6단계에서 4단계로 줄여 직원의 38퍼센트에 달하는 중간 관리자를 줄였다.

　생산 전문가인 비데킹은 취임과 동시에 비용절감에 나섰다. 은

퇴한 토요타 생산 담당 간부 다섯 명을 고문으로 영입해서 하나의 조립라인에서 여러 모델을 동시에 생산해 비용을 절감하는 토요타 생산방식TPS을 접목했다. 다양한 고가 모델을 생산하는 포르쉐에 TPS는 딱 맞는 궁합이었다. 포르쉐는 금세 흑자로 전환됐다. 이후 세계 자동차 업계에서 10퍼센트 대 중반의 최고 영업이익을 내는 회사로 자리 잡았다. 비데킹은 이러한 공로로 1993년 회장에 올랐고, 18년간 CEO로 재임하면서 포르쉐를 10배 이상 성장시켰다.

카이엔으로 돈을 잔뜩 번 포르쉐는 2006년 깜짝 놀랄 뉴스를 발표했다. 유럽 1위 자동차 업체인 폭스바겐을 인수하겠다고 선언한 것이다. 유럽 언론들은 앞다퉈 "다윗(포르쉐)이 골리앗(폭스바겐)을 쓰러뜨리려 한다"며 대서특필했다.

포르쉐는 덩치가 16배나 큰 폭스바겐을 인수하기 위해 차입금을 빌려 공개매수에 나섰다. 2008년 1월까지 폭스바겐 지분 51퍼센트를 매집했다. 인수 대상이 된 폭스바겐 주가는 열 배가 넘게 올라 2,000유로(약 300만 원)까지 치솟았다. 하지만 페르디난트 피에히(포르쉐 창업자의 외손자) 폭스바겐 이사회 의장이 반격에 나섰다. 주정부가 인수합병 승인을 연기하자 포르쉐는 90억 유로의 부채만 떠안게 됐다. 포르쉐의 최대 주주인 볼프강 포르쉐(창업자의 친손자)는 자금난에 몰리자 역으로 폭스바겐에 인수를 요청했다. 결과는 참담했다. 폭스바겐은 2011년 80억 유로(약 12조 원)에 포르쉐(지분 49.9%)를 인수했다. 아울러 비데킹 시대도 막을 내렸다.

비데킹은 공포의 경영자로도 불렸다. 특유의 카리스마와 추진력에 나가떨어진 임원이 한둘이 아니었다. 2008년 독일 프랑크푸르트 모터쇼에서 만난 그는 퍽 인상적이었다. 자신감 넘치는 표정으로 속사포처럼 포르쉐 자랑을 늘어놓았다. 비데킹은 유럽 자동차 회사치고는 많은 연봉을 받았다. 2008~2011년, 해마다 5,000만 유로(약 750억 원)를 받았고 별도의 스톡옵션 계약도 있었다. 실제 연봉은 평균 1억 유로에 육박했다. 그는 2011년 말 은퇴와 동시에 포르쉐의 고향인 슈투트가르트에 자신의 이름을 딴 사회복지재단을 세우고는 제2의 인생을 꾸려가고 있다.

문제는 폭스바겐 그룹으로 편입된 후 정체성이다. 후륜구동만을 고집했던 포르쉐가 폭스바겐의 고성능 해치백 골프 차체를 이용해 5,000만 원 이하에 전륜구동 스포츠카를 내놓는다는 것이다. 이 프로젝트는 조만간 기정사실화될 가능성이 크다.

독일 **폭스바겐**

10

딱정벌레
국민차를 넘어
세계 정상에 오르다

독일 국민차에서 글로벌 브랜드로 격상한 자동차

2008년 미국발 금융위기에서 어부지리격으로 가장 큰 이득을 챙긴 자동차 업체는 어디일까? 현대기아차가 일본 업체의 부진을 틈타 약진했지만, 정답은 독일 폭스바겐 그룹이다. 유럽 최대의 자동차 메이커인 폭스바겐 그룹은 이제 토요타, GM과 어깨를 나란히 하며 세계 1위를 가시화하고 있다. 소형차와 고유가 시대의 친환경차 개발 목표가 적중했기 때문이다.

'딱정벌레(비틀)차'로 유명한 폭스바겐 그룹은 2012년 한 해에 900만 대를 판매해 사상 최대의 실적을 기록했다. 2008년 이후 매년 역대 최고치를 경신하면서 2012년 900만 대 장벽까지 넘어섰다. 전 세계 시장 점유율은 15퍼센트로 토요타, GM 다음으로 세계 3위다.

폭스바겐 그룹의 마틴 빈터콘 회장은 "그룹의 장기 비전인 세계 1위를 목표로 하는 '전략 2018'이 성공적으로 이행되고 있다. 폭스바겐은 전 세계에서 가장 친환경적인 자동차 브랜드로 성장해나갈 것"이

히틀러의 명령으로 개발된 독일 국민차 비틀.

라고 말했다. 2015년까지 유럽에서 출시되는 신차의 이산화탄소 배출량을 120g/km이하로 낮추는 최초의 자동차 브랜드가 되겠다는 것이다.

매년 40종이 넘는 신차가 출시될 예정인 폭스바겐 그룹은 당분간 승승장구가 예상된다. 이런 행보라면 2018년 연간 1,100만 대 판매 목표가 곧 현실로 다가올 것이다. 폭스바겐에서 판매하는 자동차 중 70퍼센트가 소형차인 것도 친환경이 중요해지는 요즘 시장에서 강점으로 작용하고 있다.

폭스바겐은 1937년 아돌프 히틀러의 명령으로 독일 볼프스부르크에 설립된 '국민차 준비회사'에서 출발했다. 다음 해 9월 폭스바겐으로 명칭을 변경했다. 동그란 원 안에 V자와 W자가 새겨져 있는 유명한 엠블럼은 이후에 만들어졌다. 독일어로 '국민을 위한 차 VolksWagen'의 약자를 형상화한 것이다. 1960년에는 주식시장에 상장됐다. 주식 지분이 독일 정부와 니더작센 주 정부에 각각 20퍼센트씩 분할되고 나머지는 국민에게 판매됐다. 진정한 국민차로 일보 진보한 것이다.

천재 기술자인 페르디난드 포르쉐 박사(포르쉐 창업자)는 히틀러의 명령에 따라 국민차 비틀 Beetle 을 개발했다. 비틀은 포드 T형, 토요타 코롤라와 더불어 세계에서 가장 많이 팔린 3대 자동차다. 시간당 최대 100대가 넘는 비틀을 생산했던 독일 볼프스부르크 공장은 아직도 히틀러 시대의 분위기가 물씬 풍긴다. 빛바랜 붉은 벽돌로 지은 공장 외벽은 우중충한 느낌을 줄 뿐더러 거대한 대포를 연상시키는 높이 50미터의 굴뚝도 그렇다. 볼프스부르크 공장은 규모가 엄청나게 크다. 공장 안에서는 전기카트나 자전거를 타고 이동해야 할 정도다.

폭스바겐의 약진은 1965년 아우디의 전신인 아우토 유니온과 NSU를 합병하면서부터다. 고급차 시장 진입의 기틀을 마련한 셈이다. 비틀 이후 대형 히트작을 내놓지 못했던 폭스바겐은 1970년대에 비약적인 도약을 위한 새로운 전기를 마련한다. 해치백의 대명사, 아우토반을 누비는 골프(1974년)가 탄생한 것이다. 초대 골프의 디자인은 이탈리아 디자인의 명가 조르제토 주지아로 이탈디자인 창업자가 맡았다.

베스트셀러 비틀은 적재공간 부재와 공랭식 엔진의 한계가 겹치면서 내리막길을 걸었다. 이에 비해 골프는 전륜구동, 수랭식 엔진, 안

이탈디자인의 조르제토 주지아로가 디자인한 1세대 골프.

락함 그리고 아우토반을 질주할 수 있는 성능까지 갖추면서 당시로는 혁신적인 개념을 도입하여 독일 자동차 시장은 물론 세계 자동차 시장에 큰 파란을 일으켰다. 골프는 원형을 계속 유지하면서 출범 초기의 인기를 오늘날까지 유지하고 있는, 세계 자동차 역사에 유례를 찾기 어려운 모델이기도 하다. 지금까지 총 일곱 차례의 세대교체를 이루면서 총 3,000만 대가 넘는 판매량을 기록했으며, 유럽을 중심으로 소형 해치백 시장에서 압도적인 베스트셀링 모델이 자리매김했다. 2012년에는 경량화 첨단기술을 접목해 기존 모델보다 80킬로그램 다이어트를 한 7세대 모델을 선보였다. 1.6L 디젤 모델은 연비가 18.9km/L이다. 2013년 6월 한국에 출시돼 매달 1,000대 이상 팔리며

그녀가 타고 떠난 그 차

무게를 80킬로그램이나 감량해 연비를 극대화한 7세대 골프.

돌풍을 이어가고 있다.

 골프의 성공으로 투자 여력을 쌓은 폭스바겐은 1990년대에 스페인 세아트, 체코 스코다를 차례로 합병하면서 덩치를 키웠다. 1998년에는 부가티, 람보르기니, 벤틀리를 인수하여 경차부터 최고급 세단, 클래식 스포츠카까지 아우를 수 있는 명실상부한 최고의 자동차 그룹이 됐다. 상용차도 사세를 넓혀 스웨덴 스카니아를 인수했다.

 인수합병을 통한 멀티 브랜드 전략은 2000년대에 세계 1위 자동차 기업을 목표로 삼은 폭스바겐의 행보에 주효했다. 현재 190여 개의 모델을 구비해 소형차부터 대형차, 저가차부터 수십억 원의 최고급차, 트럭 등 전 차종을 아우른다. 세계 어떤 자동차 업체도 구성하지 못한 황금 포트폴리오를 구축한 것이다. 폭스바겐 그룹은 핵심 브랜드인 폭스바겐을 비롯하여, 프리미엄인 아우디와 벤틀리, 최고급 스포츠카인 부가티와 람보르기니, 대중차인 세아트와 스코다, 대형 트럭인 스카니아와 폭스바겐 상용차 그리고 지난해 인수한 포르쉐까지 모두 열 개 브랜드를 거느리고 있다. 2010년에는 일본 경차 전문 업체인 스즈키의 지분 20퍼센트를 인수, 전략적 제휴를 맺었지만 사인의 잉크가 마르기 전에 갈등이 커져 갈라섰다.

더구나 브랜드 간의 뚜렷한 차별화를 통해 190여 개 모델의 판매 간섭이 거의 일어나지 않는다. 하나의 플랫폼(섀시와 동력장치)으로 프리미엄부터 대중차까지 모두 만들지만, 뛰어난 디자인 파워와 상품 기술로 제각각 다른 특성을 지니고 있다. 여러 브랜드를 거느린 업체들은 모두 간섭 현상 때문에 고생을 했다. 과거 포드 그룹 산하 볼보와 재규어가 대표적인 예다. 대중차인 포드가 프리미엄인 볼보와 재규어 플랫폼으로 신차를 내놓으면서 프리미엄 브랜드 가치가 손상된 어두운 역사를 가지고 있다.

전 세계 자동차 벤치마크의 대상

폭스바겐 그룹에는 승용차 브랜드 여덟 개와 상용차 브랜드 두 개가 있다. 자동차 전문가들은 "폭스바겐 그룹은 각각의 브랜드들이 고유의 특성을 유지한 채 시장에서 겹치지 않고 독립적으로 운영되

폭스바겐의 골칫덩어리가 된 페이톤.

는 게 가장 큰 장점"이라고 말하며 "이런 점에서 세계 1위뿐 아니라 역사상 가장 뛰어난 자동차 그룹이 될 가능성이 크다"고 전망했다.

독일 1위 자동차 그룹이 된 폭스바겐은 정부의 요청에 따라 통일 이후 동독의 경제발전에 기여를 했다. 2000년 12월에는 기존 자동차 공장과는 전혀 다른 모습인 공장 벽면 전체를 유리로 만든 '투명 유리공장Transparent Factory'을 옛 동독 지역인 드레스덴에 준공했다. 여기서 폭스바겐의 골칫덩어리(?)가 된 대형 세단 페이톤이 탄생했다. 그동안 폭스바겐 골프를 타던 고객은 자연스럽게 중형 세단 파사트로 재구매가 이어졌다. 하지만 파사트 고객은 경제적 여유가 생기면 폭스바겐 모델에 대형 세단이 없는 틈을 타 모두 벤츠나 BMW, 아우디로 옮겨갔다.

전 세계적으로 돌풍을 이어가고 있는 7세대 골프의 정갈한 실내 모습. 세계 소형차의 표준이 될 만하다.

    폭스바겐은 이런 아픔을 치유하기 위해 첨단 기술력이 접목된 대형차 페이톤을 개발했다. 그러나 고급차 시장의 진입은 쉽지 않았다. 벤츠 S클래스에 뒤질 게 없는 안전성과 첨단장비로 무장했어도 보닛에 달린 폭스바겐 엠블럼은 부자들의 지갑을 열지 못했다. 그 결과 2004년 미국 진출 1년 만에 사실상 시장에서 철수하는 등 고전을 거듭했다. 그런데 재미난 사실은 한국에서는 유독 페이톤이 강세라는 점이다. 독일 외에 페이톤을 볼 수 있는 주요 자동차 국가는 '한국뿐'이라는 소리가 나온다. 물론 중국에서도 팔지만, 판매는 경쟁 독일차에 비해 미미한 수준이다.
    한국 소비자들은 유독 '브랜드'를 따지는 것으로 유명하다. 이런 점에서 페이톤 판매가 잘되는 것은 아이러니다. 페이톤의 가장 큰 경쟁력은 폭스바겐만의 실용성과 단단함이다. S클래스와 같은 프리미엄 대형 세단보다 가격이 30퍼센트 정도 저렴한 것도 판매 호조의 이유다.

폭스바겐 자동차의 가장 큰 장점은 실용성과 내구성이다. 가격대도 대중차로 중고가지만 고급차 모델보다는 20~30퍼센트 저렴하다. 그런 점에서 눈길을 끄는 가식적인 화려한 디자인은 찾아볼 수 없다. 경쟁 브랜드에서 가격대 역시 합리적인 것이 폭스바겐의 가장 큰 장점이다. 상대적으로 품질은 떨어지는 편이다. 대량생산에 따른 한계일 수도 있지만 미국 자동차 조사 업체인 JD파워의 신차 품질지수를 보면 늘 중하위권에 머물 정도다.

폭스바겐은 가끔 엉뚱한 주장도 한다. '놀라운 완벽함', '끊임없는 혁신', '인생의 동반자', '인류와 환경에 대한 책임감'이라는 네 가지 핵심가치가 그것이다. 사실 광고 문구에서 이 글을 보고 폭스바겐을 떠올릴 소비자가 얼마나 될지 의문이다. 하지만 '가격 대비 가치가 좋은 차'라는 이미지만큼은 소비자에게 확실히 각인시키고 있다.

이 회사의 디자인 철학도 그런 점에서 '모양은 기능을 따른다Form Follows Function'라는 20세기 초 독일의 실용적인 디자인을 이끌던 바우하우스Bauhaus 정신이 바탕을 이루고 있다. 때문에 실내 계기판 역시 화려하거나 복잡하지 않다. 큼지막한 스위치에 누가 봐도 어떤 기능을 하는지 알 수 있게 한다. 불필요한 요소들을 철저히 배제하고 꼭 필요한 장치들만 달겠다는 고집이다.

고급차에 때로는 너절하게 달린 버튼과 평생 한국에서는 한 번도 쓰지 않을 듯한 기능들(예를 들어 적외선 동물 감지 시스템)에 익숙한 운전자들이 폭스바겐 자동차를 만났을 때는 '단순함'에 놀라게 된다. 그러나 운전을 해보면 단순함이 주는 편안함과 즐거움이라는 마약의 포로가 된다.

가장 작은 경차급 소형차 루포부터 대형차 페이톤까지 이 철학의 근본은 그대로 이어진다. 폭스바겐코리아 방실 마케팅 부장은 "한국에서 폭스바겐 고객들의 취향을 분석해보면 자동차를 부와 신분의

상징으로 여기지 않는 층이 대부분"이라며 "튀지 않지만 오래도록 질리지 않는 디자인, 뛰어난 성능, 그리고 나만의 개성을 표현해주는 차로 폭스바겐을 선택하고 있다"고 설명한다. 브랜드 슬로건 또한 '이런 게 차Das Auto'로 자동차의 본질에 충실하고자 하는 의지가 담겨 있다.

폭스바겐의 대표 SUV 모델인 티구안.

세계 1위에 도전하는 천재 엔지니어
페르디난트 피에히

폭스바겐의 세계 1위 전략에는 강력한 리더십도 빼놓을 수 없는 경쟁 요소다. 포르쉐 박사의 외손자인 페르디난트 피에히 이사회 의장은 165센티미터의 짧은 단구에도 카리스마가 넘치는 인물이다. 그는 1980년대 아우디에서 상품기획을 맡았으며 2000년대 아우디가 고급차 브랜드에 오르는 데 큰 공을 세웠다. 외할아버지의 피를 그대로 이어받은 천재 엔지니어 피에히는 가정 편력으로도 유명해 이혼을 세 번이나 하는 과정에서 열네 명의 아이를 두고 있다.

나는 2010년 5월 프랑스 르망에서 열린 24시간 레이스에서 피에히를 만난 적이 있다. 그는 네 번째 부인과 중학생인 열네 번째 아들과 함께 특별 부스에서 경기를 관람하며 그룹 산하 아우디를 응원하고 있었다. 한국에서 온 기자라고 소개하자 멋진 사인을 남겨줬다.

피에히는 6년간 이어진 폭스바겐과 포르쉐의 인수전, 이른바 '사촌 간의 싸움'을 승리로 이끌었다. 포르쉐는 페르디난트 포르쉐 박사의 친손자인 볼프강 포르쉐가 회장으로 있다. 결국 2012년 포르쉐는 폭스바겐 그룹 산하로 들어왔다.

폭스바겐과 포르쉐의 갈등은 2차 세계대전 이전으로 거슬러 올라간다. 포르쉐는 1931년 오스트리아 태생 페르디난트 포르쉐가 독일 슈투트가르트에 설립했다. 이후 아들인 페리 포르쉐가 경영권을 물려받아 탁월한 능력으로 세계적인 스포츠카 메이커로 발전시켰다. 이런 포르쉐의 성공에는 창업자의 딸 루이제의 역할도 중요했다. 그녀가 폭스바겐 공장장이던 안톤 피에히와 결혼하면서 폭스바겐과 포르쉐 가문의 팽팽한 줄다리기가 시작됐다. 누나인 루이제는 페리보다 리더십과 소유욕이 강해 종종 다툼의 불씨를 제공했다. 더구나 창업자가 두 사람에게 재산을 똑같이 나눠준 것도 경쟁심을 부추겼다. 이들의 대결은 3대째 내려오면서 불을 뿜었다. 도화선은 2005년 포르쉐가 시가총액이 16배나 큰 폭스바겐 주식을 매집하면서부터다. 일각에서는 폭스바겐이 포르쉐에 인수되어 자회사가 될 것이라는 소문도 돌았다. 하지만 이는 '다윗과 골리앗'의 싸움이었다. 2011년 폭스바겐의 지분 비율을 50퍼센트로 늘리기 위해 돈을 빌려 주식을 사 모은 결과 90억 유로(약 14조 원)의 빚을 떠안으며 손을 들었다. 역으로 폭스바겐에 인수를 요청하는 극적인 드라마를 연출했다. 결국 싸움의 승리는 피에히 회장의 리더십이 큰 몫을 했다. 폭스바겐 주주를 단결시켜 경영권을 지켜냈을 뿐 아니라 빚더미에 앉은 포르쉐까지 인수한 것이다. 피에히는 2012년 포르쉐 인수를 마무리하고 마지막 남은 과제인 토요타를 넘어 '세계 1위 자동차 그룹'을 꿈꾸고 있다.

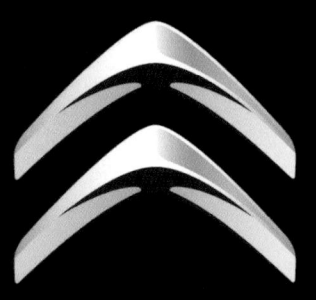

프랑스 **푸조-시트로엥**

11

후추통에서
자동차까지,
혁신의 역사

프랑스가 만든 세계에서 가장 유니크한 자동차

세계 자동차 시장은 100년 넘게 미국이 부동의 1위 자리를 차지하고 있었다. 2009년 중국(1,350만 대)에 1위를 내주기 전까지 1990년대에는 연간 신차 규모가 1,700만 대를 넘어서면서 2,000만 대를 향해 질주할 기세였다. 세계 자동차 메이커들은 신차를 개발하면서 당연히 미국 소비자의 취향을 신경 쓸 수밖에 없었다. 특히 수출 위주였던 한국과 일본 메이커들의 신차 개발 표준은 미국이었다. 큰 트렁크와 넓은 실내공간까지 서로 엇비슷한 차를 만들었다. 그런 점에서 토요타 캠리, 현대 쏘나타는 일본이나 한국보다 미국을 겨냥한 차다.

그런 가운데 미국을 배제하고 독자적인 스타일을 고집하는 회사가 등장했다. 유럽을 중심으로 삼고 남미 같은 신흥시장에 주력하여, 독일 폭스바겐을 뒤쫓는 유럽 제2의 자동차 메이커로 우뚝 선 푸조-시트로엥 Peugeot-Citroen 이다. 이 회사는 1980년대에 미국에서 철수하면서 자신만의 디자인과 감칠맛 나는 신차를 선보였다.

사자 모양의 로고로 유명한 푸조에 대해 일반인이 잘 모르는 사실이 몇 가지 있다. 첫째는 벤츠에 이어 세계에서 두 번째로 오래된 자동차 메이커라는 점이다. 다음은 푸조에서 연간 300만 대 이상 팔고 있는 자동차보다 더 많이 파는 게 식탁용 후추 그라인더(분쇄기)라는 사실이다. 아울러 푸조는 현존하는 세계 자동차 메이커 가운데 가장 오랫동안 하나의 로고를 사용한 회사다. 마지막으로 포드나 토요타와 마찬가지로 창업 일가가 100년 넘게 경영에 참여하면서 글로벌 메이커로 도약한 회사다.

푸조의 뿌리는 철강회사다. 1810년, 장 프레드릭 푸조와 장 피에르 푸조 형제는 자신들이 소유한 풍차를 개조해 강판을 제작했다. 주로 톱날이나 시계에 들어가는 스프링을 제조했다. 2014년 올해로 204년째 이어지는 푸조 가족경영의 시작이었다. 두 형제는 9년 뒤 '푸조'라는 이름의 상표 특허출원을 냈다. 이후 커피 분쇄기, 믹서기, 재봉틀, 세탁기 등 돈 되는 건 뭐든 만들었다. 무엇보다 푸조가 유명해진 것은 후추 분쇄기 덕분이다. 1870년대부터 생산을 시작한 후추 분쇄기는 지금도 전 세계 유명 레스토랑과 가정의 식탁에서 널리 쓰인다. 필자의 집 식탁에도 놓여 있을 정도다. 연간 500만 개 이상 팔릴 만큼 이 분야에서는 최고의 기술력과 디자인을 인정받고 있다.

푸조자동차의 뿌리는 창업자 손자인 아르망 푸조다. 그는 1880년대 당시 재벌가 자손의 교육 코스인 영국 유학시절에 자동차 붐을 예견했다. 아르망 푸조는 귀국 후 먼저 자전거를 개발했다. 이후 집안 어른을 설득해 자동차로 업종을 확장했다. 1889년, 길이 2.5미터, 무

1870년대부터 푸조에서 만든 후추 분쇄기.

게 250킬로그램에 앞뒤 좌석을 마주보게 만든 4인승 삼륜차를 파리 세계박람회에 전시했다. 푸조 1호차다. 벤츠의 세계 첫 가솔린 자동차보다 불과 3년 뒤진 셈이다. 2기통, 2.3마력 엔진을 얹고 최고 시속 16킬로미터로 달렸다.

아르망은 친구의 권유로 다임러(벤츠 전신)를 소개받고 1890년 다임러 엔진을 단 사륜차 '타입-2'를 제작했다. 그리고 6년간 내부기술을 축적, 1896년에 자체 엔진을 개발했다. 자동차 사업에 본격 뛰어든 것이다. 다음 해 동생 앙드레, 조카 로버트와 손을 잡고 스위스, 독일과 국경이 맞닿은 소쇼Sochaux에 푸조자동차를 설립했다. 소쇼는 지금도 푸조 박물관을 비롯, 초기 생산공장이 있는 유서 깊은 곳이다. 내가 2006년 가본 소쇼 공장과 박물관은 무척 소박했다. 시골 분위기 그 차체였다. 푸조 박물관에서는 프랑스 특유의 여유 있고 정감 있는 차들을 여럿 볼 수 있었다. 나는 이곳에서 자동차 대신 후추 분쇄기를 사오기도 했다.

푸조는 기술력으로도 한 시대를 풍미했다. 1912년, 세계 최초로 실린더 한 개당 네 개의 밸브와 캠샤프트를 갖춘 현대식 엔진을 내놓았다. 1차 세계대전 때는 군용차, 앰뷸런스, 모터사이클 등을 제조하면서 기술력을 축적했다.

1929년 파리 전시회에서 소개된 작고 귀여운 차 201은 세계적인 자동차 메이커로 성장 가능성을 보여준 기념비적 모델이다. 푸조는 이 차를 다듬어 1931년 세계 최초로 앞쪽에 독립식 서스펜션을 단 201을 선보였다. 이 차는 탄탄한 내구성과 뛰어난 연비, 그리고 합리적인 가격에 힘입어 큰 인기를 누렸다. 1,122cc에 L자형 헤드실린더를 달아 최고 23마력에 시속 80킬로미터까지 낼 수 있었다. 요즘 생각하면 장난감차로 여길 정도의 출력이지만 당시 평범한 중산층이 타는 마이카로는 손색이 없었다.

푸조는 201을 내놓으면서 새로운 브랜드 전략을 마련했다. 자동차와 모터사이클(이륜차)을 분리하면서 자동차 이름 가운데 숫자 '0'을 넣기 시작한 것이다. '0' 앞의 숫자는 차의 크기를(2는 소형차를 뜻함), 0 뒤의 숫자는 세대를 의미한다. 즉, 308은 준중형 3시리즈 8세대 모델이고, 607는 대형 6시리즈의 7세대 모델을 뜻한다. 독일 포르쉐도 모델

1929년 파리 전시회에서 처음 선보인 푸조 201.

명을 세 자리 숫자로 짓는 대표적인 회사다. 처음 가운데 숫자로 0을 사용하려다가 푸조 때문에 사용하지 못한 일화가 있다. 푸조는 2000년대에 접어들면서는 기존에 없던 새로운 신차를 출시하면서 가운데 0을 두 개 겹쳐서 썼다. 소형 CUV 1007과 SUV 3008이 그것이다.

푸조는 이후 줄곧 대중차만 만들었다. 그렇다고 성능이 떨어지는 건 아니었다. 적어도 푸조는 소형 해치백과 지붕이 열리는 차(컨버터블)의 대가로 불렸다. 1934년에는 세계 최초로 하드탑 컨버터블 401 이 클립스를 내놨다.

1970년대에 푸조는 비약적으로 사세를 키웠다. 1976년, 경영난에

시달리던 프랑스 3위 업체 시트로엥 지분 90퍼센트를 사들인 데 이어 1978년에는 크라이슬러 유럽 부문까지 인수해 세계 10위권에 진입했다. 시련도 닥쳤다. 1991년 미국에 진출한 지 채 20년도 안 돼 '눈에 띄는 디자인 이외에는 볼 게 없다'라는 혹평과 함께 경쟁차보다 성능 및 품질에서 뒤지면서 철수했다.

　시련은 약이 됐다. 푸조는 미국 시장을 포기하면서 독자적인 디자

그녀가 타고 떠난 그 차

2009년에 출시된 푸조 308CC.

인을 강화해나갔다. 뽀족 나온 앞 오버행(범퍼와 앞바퀴 거리)은 프랑스인의 콧대라는 유머도 나왔다. 때로는 커다란 라디에이터 그릴 모양이 악어나 개구리의 입을 연상시킨다는 평가도 나왔지만, 프랑스풍 디자인에 주력했다.

푸조는 자동차 레이스에 출전할 고성능차 제작에도 일가견이 있었다. 1983년에 발표된 205가 실용성과 고성능을 같이 추구한 대표적인 모델이다. 특히 205의 고성능 버전인 GTI는 레이스에서 돌풍을 일으켰다.

푸조-시트로엥의 디자인은 독일차와 확연히 구분된다. 무척 감성적이다. 벤츠, BMW가 균형 잡힌 몸매와, 선과 면이 확실히 구분돼 긴장감을 주는 것에 비해 푸조는 곡선과 곡면을 충분히 활용했다. 세련을 넘어서 파격적이라 괴기스러울(?) 때도 있을 정도다. 성능도 자로 잰 듯한 핸들링이나 가속력보다는 적당히 잘 달려주며 프랑스의 풍경을 보기에 어울리는 형태다. 매일 세차를 하고 광을 내지 않아도 되는 차다. 너무 섹시해 거북한 애인보다는 친근한 마누라 같은 차라고 할까.

부드러움의 대명사 시트로엥

자동차에 처음 입문했을 때만 해도 BMW, 아우디 같은 서스펜션이 딱딱한 차를 좋아했다. 핸들링 때문이다. 하지만 점점 편한 차(승차감)에 호감이 갔다. 서스펜션이 적당히 물러 승차감도 좋을 뿐 아니라 무게가 가벼워 경쾌한 발놀림을 하는 차를 선호하게 된 것이다. 그런 점에서 BMW와 정반대로 서스펜션이 부드럽기로 소문난 차가 시트로엥이다.

1919년, 프랑스 파리에서 시작한 시트로엥은 1934년에 세계 첫 양산형 전륜구동 '트락숑 아방'을 내놓으며 기술력을 뽐낸다. 1948년

1948년에 출시된 전설적인 명차 시트로엥 2CV.

에는 2CV라는 전설적인 명차를 내놓았다. 보닛 위에 보조타이어를 동여맨 독특한 디자인에다 가격이 지금의 경차 수준인 1,000만 원대로 저렴했다. 여기에 고장 없고 실용성도 좋아 프랑스뿐 아니라 유럽의 대중차로 사랑을 듬뿍 받으며 부드러운 승차감의 대명사로 유명해졌다. 2CV는 1990년 단종될 때까지 같은 디자인으로 장수했다.

나는 2006년 그리스 출장 때 거리 곳곳에서 운행 중인 2CV를 볼 수 있었다. 좁은 골목길에 딱 어울리는 실용적인 디자인이었다. 2CV는 부드러운 승차감만큼은 최고였다. 개발 콘셉트가 시골 아낙이 뒷좌석에 타고 비포장길을 달려 장터에 갈 때 광주리에 가득 넣은 계란이 흔들려 깨지지 않을 정도였다. 작은 돌을 촘촘히 박아 넣은 유럽 특유의 돌길을 달릴 때 진동을 대부분 흡수했다.

프랑스 차의 서스펜션이 무른 이유는 돌길이 많기 때문이다. 유럽의 오래된 길은 아스팔트보다 작은 돌을 촘촘히 박아 넣어 전문용어로 벨지움 로드Belgium Road라고 한다. 자동차가 나오기 이전, 마차가 대중 교통수단이었을 때 말이 싸놓은 거대한(?) 대변을 손쉽게 닦아내기 위해 만든 도로다. 수백 년 역사를 간직한 길이다. 이런 돌길을 달리려다 보니 전통적으로 프랑스차는 서스펜션 개발에 뛰어났다. 바퀴가 툭툭 튀지 않게 부드러우면서도 만족한 핸들링까지 보여줬다.

시트로엥은 2012년 5월 한국시장에 10년 만에 재진출했다. 1994년 한국에 처음 들어왔지만 품질 문제가 심각해 2002년에 철수한 전력이 있다. 공식 수입원인 한불모터스가 내놓은 신차는 디자인이 빼어난 소형 해치백 DS3다. 가격을 2,000만원 대(2,890~2,990만 원)로 정해 개성 있는 차를 찾는 30, 40대를 타깃으로 했다. 1.4L 디젤 모델(2,890만 원)은 연비가 25.7km/L로 하이브리드카 토요타 프리우스 다음으로 좋다. 요즘 한국 수입차 시장은 독일차의 절대 강세다. 점유율이 60퍼센트가 넘는다. 프랑스풍 디자인과 편안한 서스펜션으로 단장한 푸조-시트로엥이 독일차 입맛에 길들여진 한국 소비자들의 입맛을 얼마만큼 바꿀지 궁금해진다.

분가 없이 200년 넘게 이어온
전통과 미의 결정체

 푸조의 뿌리는 철강이다. 1810년 장 프레데리크 푸조와 장 피에르 푸조 형제는 집안 소유의 풍차를 개조해 강판을 제작했다. 주로 톱날·시계에 들어가는 스프링이었다. 올해로 202년째 이어지는 푸조 가족 경영의 출발이다. 9년 뒤 '푸조'라는 상표를 특허 출원했다. 이후 커피분쇄기·믹서·재봉틀·세탁기 등 돈 되는 내구생활재는 다 만들었다. 더욱 유명해진 건 후추분쇄기 덕분이다. 한 개에 5만 원 안팎인 제품이 연간 500만 개 이상 팔릴 만큼 이 분야에선 최고의 기술력과 디자인을 인정받는다.
 자동차는 창업자의 손자 아르망 푸조가 시작했다. 1880년대 아르망은 영국에 유학하면서 자동차가 곧 대세가 될 것임을 예견했다. 먼저 자전거를 만들다가 집안 어른을 설득해 자동차에 손댔다. 1889년 길이 2.5미터, 무게 250킬로그램에 앞뒤 좌석이 마주 보는 4인승 3륜차를 만들어 프랑스 파리 세계박람회에 전시했다. 푸조 1호 차다. 벤츠의 세계 첫 가솔린 차보다 불과 3년 뒤졌다. 2기통 2.3마력 엔진을 얹고 최고 시속 16킬로미터로 달렸다.

푸조의 창업 과정은 일본 토요타와 흡사하다. 방적기가 본업이던 토요타도 창업자 아들 도요다 기이치로가 1920년대 미국 여행 중 자동차가 미래 산업임을 절감하고 1937년 자동차를 시작했다.

푸조는 기술을 축적해 1896년 자체 엔진을 개발했다. 자동차를 본격 생산하기 위해 아르망은 동생·조카와 힘을 합쳐 스위스·독일 접경 지역인 소쇼Sochaux에 푸조자동차를 설립했다. 소쇼에는 지금도 자동차박물관을 비롯해 초기 생산공장이 보존돼 있다.

푸조 가문의 창업정신은 '자기 것 떼어내 분사하지 않고, 능력이 되는 자손만 경영에 참여케 한다'로 요약된다. 지금도 30퍼센트의 주식(의결권 46%)을 보유한 최대주주다. 최고경영자는 전문경영인이 맡지만 후손 중 서너 명이 역대로 경영에 참여해왔다. 사업을 쪼개 분가한 적은 없었다. 창업자 7대손인 티에리 푸조(사진)는 이사회 의장이고 동생 자디에 푸조는 상품 담당 부사장이다. 누나도 이사회 멤버다. 의사결정 방식이 '톱다운'이라 위기 때 대응이 빠르다.

프랑스 언론은 2세기 넘게 오너 경영이 별 탈 없이 이어진 비결로 창업 일가의 도덕성을 꼽는다. 유산 싸움이나 비자금 같은 물의를 빚은 적이 없다. 또 위기 때 푸조 패밀리가 전면에 등장해 구조조정을 주도하면서 증자를 통해 빈 곳간을 채워 주는 구심점 역할을 한다.

AMERICA
아메리카

미국 **제네럴모터스**

12

GM의 이익은
미국의 이익

미국인의 열망을 실현하다

1970년대까지 미국의 정계와 경영학계에서는 "제네럴모터스GM의 이익은 미국의 이익"이라는 말이 유행했다. 1953년 당시 GM 사장이던 찰리 윌슨이 드와이트 아이젠하워 미국 대통령과 자동차 산업에 대한 대담을 하면서 나온 말이다. 말 그대로 GM의 위상이 느껴진다. GM은 1931년에 포드를 제치고 세계 1위에 오른 뒤 2007년까지 판매 대수에서 부동의 1위 자리를 지켜왔다. 모든 산업을 통틀어 77년간 연속 세계 1위는 깨지기 힘든 대기록이다. 1950년대 이후 미국 경제 전문지 《포춘》이 뽑은 '세계 500대 기업'에서 37차례나 1위를 했다.

GM의 영광은 제품에 그대로 스며들어 있다. 나는 자동차에 대한 인간의 상상력을 보여주는 역대 최고 디자인으로 1950, 60년대 미국 부자의 상징이 된 캐딜락 '엘도라도(황금의 땅이라는 뜻)'를 꼽는다. 디트로이트 GM 박물관에서 처음 봤는데 눈을 뗄 수가 없었다. 금장으로 단장한 길이 5미터가 넘는 차체, 가죽 내장과 곡면으로 휘어진 앞유

로켓 모양의 테일핀(꼬리날개)을 장착한 엘도라도.

리에는 부유와 사치라는 인간의 욕망이 아른거렸다. 백미는 GM의 전설적 디자이너 할리 헐이 만들어낸 테일핀(꼬리 날개)이다. 트렁크 위에 로켓 모양의 날개가 달렸다. '소비가 미덕'이던 당시 미국 자본주의의 풍요로움을 그대로 보여준다. 그것에는 아폴로 우주선을 쏴 달나라를 정복하려던 미국인의 열망이 담겨 있다. 그중에서도 1959년형 엘도라도는 화려함의 극치다. 2톤이 넘는 무게에 최대 345마력, 시속 195킬로미터을 뽐내는 성능과 함께 한층 커진 날개로 꼬리 날개

그녀가 타고 떠난 그 차

의 완결판이라는 평가를 받으면서 당대 인기 연예인과 거부들의 사랑을 독차지했다. 엘비스 프레슬리가 핑크 엘도라도를 어머니에게 선물했다는 일화도 있다. 사실 꼬리 날개는 자동차의 본령에서 벗어난 장치다. 1960년대 들어 자동차 공기역학이 중시되면서 급속히 자취를 감췄다.

해가 지지 않는 GM 왕국

화려한 역사의 자동차 제국 GM은 2009년 파산보호 신청과 함께 무너졌다. 그리고 이듬해 정부가 대주주가 되면서 새로운 GM이 생겨났다. 회복도 빨랐다. 2012년 902만 대 판매를 기록하면서 2008년 토요타에 내준 세계 1위 타이틀을 3년 만에 되찾아왔다. 2007~2010년 3년간 누적 150억 달러(약 16조 원) 적자를 내다 4년 만인 2010년 47억 달러(약 5조 원) 흑자로 전환했다. 파산보호 신청 다음 해 뉴GM으로 재탄생하고 주식시장에 재상장하면서 다시금 강자의 모습으로 복귀했다.

완성차는 대표적인 조립산업이다. 작업자의 손끝이 중요하다. 정보기술 산업의 흥망이 기술혁신에서 승부가 갈린다면 자동차 산업은 5~8년 만에 신차를 내놓으면서 조금씩 개선해나가는 속성을 지녔다. 소니 워크맨, 애플 아이폰처럼 세상을 확 뒤집는 제품은 나오기 어렵다. 120여 년 자동차 역사를 통틀어 획기적인 혁신이라야 포드의 컨베이어 벨트, 토요타생산방식 TPS 정도를 꼽는다.

그래서 망하는 데도 시간이 오래 걸린다. 신차 한두 대가 실패했다고 부도 위기에 몰리지는 않는다.

GM 파산의 전주곡은 1990년대 초로 거슬러 올라간다. 좀 더 길게는 1970년대로 보기도 한다. '소형차에서 이익이 잘 나지 않는다'며 일본 업체에 쉽사리 안방을 내준 것이 화근이었다. 제조업의 기본인 상품성이 점점 추락했다. 유명한 강성 노조는 고비용과 품질 악화를 부추겼다.

눈에 잘 띄지 않는 또 하나의 패인은 머니게임에 치중한 점이다. 릭 왜고너 전 회장으로 대표되는 하버드 MBA 출신 재무통들이 최고 경영진을 장악하면서 차를 팔아 이익을 내기보다 할부금융에서 손쉽게 돈을 벌었다. 그러면서 자체기술을 개발해 내재화하기보다 외부 기술을 사오는 인수합병 및 아웃소싱을 선호했다. 수십조 원이 들어간 인수 비용은 미래 투자재원을 고갈시켰다. 113년 역사에서 독일 오펠, 영국 복스홀, 스웨덴 사브, 일본 스즈키와 이스즈, 한국 대우자동차에 이르기까지 세계 각국의 자동차 회사를 인수한 것만 20개가 넘는다. "GM은 공격적 인수로 덩치를 키우고 자동차 금융 같은

그녀가 타고 떠난 그 차

자동차에 대한 인간의 무한 상상력을 보여주는 캐딜락 엘도라도.

부대사업으로 큰돈을 벌면서 안이해졌다. 소비자가 원하는 차를 만들어야 할 상품기획이 재무통에 눌린 것이다. 2000년 이후 미국 소비자 사이에서 기막힌 이야기들이 회자됐다. 렌터카로 GM 차를 타본 고객들이 "렌터카이기에 망정이지 이런 차 샀다간 큰 낭패 볼 뻔했다"며 비아냥거렸다.

2005년, 국제 유가가 급등하면서 GM은 뒤늦게 정신을 차렸다. 반세기 동안 상품기획만 해온 70대 노장 밥 루츠를 불러들여 신차 개발을 맡겼다. 당시 한국의 GM대우(현재, 한국GM)는 일본 스즈키를 대신할 글로벌 소형차 전략기지가 됐다. 허름하고 시대에 뒤떨어진 느낌의 캐딜락도 미래 차로 거듭났다. 회복 가능성을 보여준 차들이 여럿 나왔다. 캐딜락 CTS와 쉐보레 크루즈가 대표적 사례다. 디자인뿐 아니라 감성 품질에서 GM은 옛 실력을 보여주기 시작했다. 하지만 2008년 몰아닥친 미국발 금융위기는 결정타였다. 지구상 최강의 제조업체였던 GM은 예상치 못한 기후변화에 멸종한 공룡처럼 쓰러졌다. 2009년 미국 정부는 온갖 비난을 무릅쓰고 수십조 원의 공적자금을 투입해 GM의 구원투수로 나섰다. 아울러 강력한 제품 구조조정에 들어갔다. 중상류층 사랑을 받던 올스모빌을 포함해 새턴과 폰티악을 정리하고 대형 SUV의 대명사 험머를 매각했다. 스웨덴 명차 사브와 스즈키(지분율 20%)도 털어냈다. 부실을 후다닥 털어내고 살릴 것은 확실하게 살리는 미국식 전략 경영이 빛을 발했다. 새로 태어난 GM은 대중차 쉐보레와 뷰익, 고급차 캐딜락, 픽업 및 SUV를 만드는 GMC 등 네 분야로 정리됐다. 미국시장에서 대형 SUV 판매가 살아나고 미국보다 더 커버린 중국시장에서 1위에 올라서면서 부활 조짐을 보였다.

1등 DNA는 어떻게 발현될 것인가

GM의 창업 과정은 복잡하다. 1908년, 미시간 주 출신의 윌리엄 듀런트가 설립한 뷰익이 올즈모빌을 인수하면서 비롯된다. 이때부터 회사 이름을 제너럴모터스GM라고 불렀다. 앞으로 여러 회사와 차종을 인수해 다양한 브랜드를 거느리는 회사가 되겠다는 뜻이었다. 이

1963년에 출시된 콜벳. 세계 최강대국으로 올라선 미국의 풍요로움이 느껴진다.

GM은 오랫동안 세계 시장을 선도해왔던 것만큼 1등의 유전자가 곳곳에 남아 있다.
단단한 차체와 날렵한 디자인으로 소형차에서 가능성을 보여준 쉐보레 크루즈.

듬해 캐딜락, 폰티악과 GMC트럭을 합병한다. 당시 미국은 300여 자동차 회사가 난립한 상태였다.

　오늘날 GM 판매의 절반 이상을 차지하는 쉐보레는 미국 중산층의 간판 차종이다. 경차부터 중대형 세단, 스포츠카와 픽업트럭까지 30여 가지 모델이 있다.

　쉐보레는 1911년 듀런트가 유명 레이서였던 루이스 쉐보레와 공동 설립했다. 듀런트가 GM 대신 쉐보레로 사명을 정한 것은 이 발음이 미국인들에게 호감을 준다고 믿어서였다. 미국에서는 줄여서 '쉐비Chevy'라는 애칭으로 많이 쓰인다. 나비넥타이Bow-tie 모양의 로고는 프랑스 파리의 한 호텔방 벽지에서 영감을 얻어 창안해낸 것이다.

쉐보레의 첫 대중차는 1914년에 나온 '490' 모델이다. 당시 베스트셀러였던 T형 포드의 대항마로 2.8L 엔진을 달고도 T형보다 저렴한 490달러에 출시됐다. '가격=모델 이름'으로 쓰면서 대박을 냈다. 1927년 100만대 판매 기록을 세우며 T형을 따라잡았다.

쉐보레의 명차는 1953년 자동차 최초로 섬유유리를 차체에 사용한 스포츠카 '콜벳'이다. 지금도 미 보수층 부자들이 즐겨 타는 차다. 1966년에는 '카마로'가 나와 미국 젊은이들의 드림카가 됐다. 미국 최고의 자동차 레이스인 나스카 레이스에서 여러 차례 우승을 차지한 대중 스포츠카다. 쉐보레는 한국과 인연도 깊다. 새한자동차(대우자동차의 전신)가 1977~81년 생산한 '제미니'의 원조가 쉐보레 쉬베트다.

GM의 미래는 어떻게 될까. 1위 자리를 되찾았을 뿐만 아니라 중국과 브라질 같은 신흥 시장에서 판매 호조라 적어도 당분간 세계 빅3 위상은 충분히 유지할 것으로 보인다. 뉴욕 양키즈처럼 1등을 오래 해봤던 경험과 소비자의 욕구를 자극해 새로운 시장을 만들어냈던 재능이 잠재해 있다. 강성 노조도 당분간 무파업을 약속했다. GM의 영욕을 통해 '제조업은 무엇을 잘해야 생존이 가능한가'라는 교훈으로 남기에 충분하다.

경영계의 전설
GM의 앨프리드 슬론

GM의 경영자는 쟁쟁하다. 1980년대까지 하버드 경영학 석사의 20~30퍼센트가 GM에 들어왔고, 경영진에는 미국 명문 대학인 아이비리그 출신이 대다수였다. 제조업체들 가운데 급여 및 복지에서 GM은 최상위였다. GM의 파산과 운명을 같이한 릭 왜고너 사장도 하버드 MBA 수석 졸업자다.

역대 사장 가운데는 창업자 듀란트보다 앨프리드 슬론이 더 유명하다. 1895년 MIT 전기공학과 최연소 졸업자(20세)인 슬론은 아버지에게 돈을 빌려 파산 직전의 자동차 베어링 회사를 사들였다. 그리고 1916년 이 회사가 GM에 인수되면서 인연이 시작됐다. 무리한 사세 확장으로 GM을 두 차례 부도 위기에 몰아넣은 듀란트가 1923년 사임하자 후임으로 슬론이 발탁됐다. GM의 대주주였던 듀폰의 피에르 듀폰 회장의 전폭적인 지원이 있었다. 슬론이 사장을 맡을 당시 GM의 미국 시장 점유율은 포드의 절반에도 미치지 못했다.

슬론은 1956년 명예회장으로 일선에서 물러날 때까지 34년간 경영학의 역사를 썼다. 그는 듣도 보도 못한 새 경영기법을 선보였다. 금융가에 유행하던 ROI(투자수익률)를 자동차 할부금융으로 도입해 대박을 냈으며, 소비자를 계층별로 나눈 현대식 마케팅도 도입했다. 당시 자동차 1위이던 포드는 같은 디자인과 옵션에 색상도 검은색뿐인 T형을 월급 5~6개월치를 모아 살 수 있을 만큼 싸게 판매한 게 경쟁 우위였다.

　슬론은 이 점을 파고들었다. 색상뿐 아니라 차별화한 다양한 신차를 내놓으면서 새로운 시장을 만들어냈다. 또 연령별, 소득별로 서로 다른 소비자 수요를 고려해 자동차 모델 라인업을 구성한 현대식 마케팅 전략을 구사했다. 이에 따라 대중차 쉐보레, 뷰익, 폰티악부터 고급차 올스모빌, 캐딜락 브랜드까지 자동차 백화점을 구축한 것이다. 소득 하위층부터 상류층까지 모든 계층을 GM 고객으로 끌어모은 뒤 본격적인 '1인 1차 시대'를 열었다.

　이런 전략이 성공을 거두면서 1931년 GM은 처음으로 포드를 제치고 세계 1위에 등극했다. 이후 미국에서 1933~85년 동안 40퍼센트 이상의 시장 점유율을 유지했다. GM의 전례 없는 성장세는 1990년대까지 이어졌다. 제조업체에서 아직까지 깨지지 않는 150개 조립공장에서 한 해 35만 명의 종업원을 두기도 했다. MIT는 동문인 그의 업적을 기려 경영대학원 이름을 '슬론sloan 스쿨'로 지었다. 슬론은 아직도 경영계의 전설로 통한다.

미국 **크라이슬러-지프**

13

혁신으로 일궈온
오프로드의 지배자

혁신적인 신기술의 엔지니어링 회사

몇 년 전 나는 1~2년 된 중고 수입차를 구입하려고 몇 달째 시장을 조사했다. 연봉을 감안해 2,000만 원 전후의 미국 또는 일본 대중차를 후보에 올렸다. 오토캠핑을 좋아하는 탓에 줄곧 적재공간이 큰 SUV를 타왔지만 중·고등학생 아이들이 공부에 시달리느라 캠핑은 꿈도 못 꿔 자연스럽게 쓸모가 없어졌다. 대신 동네 마트나 학원에 픽업 가는 아내가 주로 탈 승용차가 필요해진 상황이었다. 가격대가 딱 맞는 미국차 두세 대를 시운전하면서 아내와 동승했다. 아내는 "싫어. 인테리어가 투박하잖아. 잔고장도 많고……"라며 한마디로 미국차는 후보에서 제외했다. 아내는 가정주부로는 자동차 지식이 상당한데다 디자인 분야에서 일을 해 이 분야에 식견도 꽤 있는 편이었다. 한국인의 미국차에 대한 시각은 내 아내의 생각과 크게 다를 바 없을 것이다. (결국은 미국차를 싸게 샀다.)

2000년 이후의 미국차를 말할 때 가장 큰 단점으로 꼽히는 것은 값

싸 보이는 인테리어, 거대한 덩치에 나쁜 연비, 잔고장 세 가지다. 특히 1,000만 원 이상 저렴한 동급의 국산차보다 뒤떨어진 인테리어 탓에 한국 소비자들은 아예 미국차를 쇼핑 리스트에 올리지도 않는다.

성능과 직접적인 상관이 없는 인테리어지만 소비자는 민감하게 반응한다. 미국차는 조립 틈새가 독일 차나 일본 차에 비해 커 조악한 느낌을 주는 경우가 많다. 소재도 폭신한 것보다는 소매로 쓱 먼지를 닦아내기 쉽도록 딱딱한 플라스틱을 주로 사용한다. 그러다 보니 섬세한 한국 소비자에게 미국 차는 감동 없는 천덕꾸러기다.

하지만 미국차는 장점도 꽤 있다. 일단 튼튼하다. 내구성이 좋아

2011년 풀 모델 체인지한 6세대 300C를 보면 유럽차 같은 변화가 한눈에 감지된다.

오래 탈 수 있다. 여기에 서스펜션이 적당히 물러 한국 도로에 알맞다. 더구나 2010년 이후에 나온 신차는 연비도 크게 좋아져 '기름 먹는 하마'라는 오명은 예전 이야기가 됐다. 이처럼 상품성이 눈에 띄게 좋아졌지만 아직까지 중고차 가격에 반영이 안 돼 저렴하다. 자연스레 나의 선택은 미국차로 기울었다.

미국 빅3(GM, 포드, 크라이슬러) 가운데 이런 상품성에서 일취월장한 메이커로는 막내격인 크라이슬러가 단연 돋보인다. 가장 큰 문제였던 인테리어는 천지개벽天地開闢 수준이다. 이 회사 경영진들은 모터쇼 때마다 돋보이는 인테리어로 유명한 아우디를 '대놓고 베꼈다'고 공언한다. 2011년 풀 모델체인지(6세대)한 세단 300C의 실내를 보면 '이거 크라이슬러 맞아?' 하고 반문할 정도였다. 틈새는 찾아보기 어렵고 재질감도 유럽차 뺨친다. '뭔가 변해도 단단히 변하고 있구나' 하는 생각이 절로 들었다. 남아 있는 문제는 품질에 대한 이미지 개선뿐이다.

최초의 유선형 자동차

크라이슬러의 창업자 월터 P. 크라이슬러는 1875년 미국 캔자스 주에서 기관차 엔지니어의 아들로 태어났다. 그는 1912년에 GM 계열인 뷰익 공장의 매니저로 일하다 GM으로 이직, 4년 만에 뷰익 사장에 올랐다. 독립심이 강했던 그는 1919년, 경영 부진에 빠진 맥스웰 자동차로 옮겨 강력한 리더십으로 회사를 회생시키고 사명을 크라이슬러로 변경했다. 100여 개의 군소 자동차 회사가 난립하던 시절이었다. 이후 크라이슬러의 첫 신차가 대박을 냈다. 1924년에 발표된 '크라이슬러 6Chrysler Six'가 그 주인공이다. 가볍고 강력한 고압의 6실린더 엔진과 4휠 유압 브레이크, 카뷰레터 에어필터, 가압윤활 오일필터 등 당시로는 혁신적인 신기술을 적용했다. 가격은 GM이나 포드의 경쟁 차와 비슷한 합리적인 가격대에 대량생산해 자동차 역사에 남는 차로 기록됐다.

크라이슬러는 1928년 닷지Dodge Brothers를 인수하며 몸집을 불려 하

1934년에 출시된 세계 최초의 유선형 모델 에어플로.

룻밤 사이에 포드, GM과 자웅을 겨루는 '빅3'로 부상했다. 보닛에 달린 '은빛 날개Wings of Mercury'라 불리는 로고는 민첩함과 신뢰를 상징했다. 월터 P. 크라이슬러는 닷지 인수로 당대 가장 성공적인 기업인 중 한 사람이 됐다. 이후 크라이슬러는 미국 빅3의 본고장인 디트로이트를 대표하는 '혁신적인 신기술과 엔지니어링 회사'로 이름을 떨쳤다. 현재 모든 차량에 탑재된 파워스티어링, 파워윈도우, 전자 연료 분사시스템 등 수십 가지에 달하는 자동차 혁신 기술을 창조한 회사로 명성을 드높였다.

대표적인 명차는 1934년 출시된 세계 최초의 유선형 모델 '에어플로'다. 세계 최초로 풍동風洞 실험을 통해 공기저항을 최소화한 매끈하고 부드러운 유선형으로 디자인했다. 당시 자동차는 상자처럼 네모난 디자인이 전부였다. 자동차 디자인의 일대 변혁으로 이후 경쟁 업체들이 유선형 모델을 잇따라 내놨다. 그러나 이렇게 승승장구한 크라이슬러는 대형 엔진에 집중해 1970년대 유가가 급등하면서 경영 악화에 빠졌다.

1978년, '1달러 연봉 회장'의 신화가 시작된다. 리 아이카코카의 등장을 말하는 것이다. 그는 포드 상품기획 출신으로 젊은이의 스포츠카인 머스탱을 기획한 장본인이었다. 오너 입김이 강한 포드에서 사장의 꿈을 접고 크라이슬러로 옮겨 1984년 역대 가장 성공적인 차로 꼽히는 7인승 미니밴 '캐러밴'을 출시했다. 짐을 많이 실을 수 있는 왜건 대신 당시 아웃도어 붐에 걸맞게 '달리는 리빙룸'이라는 콘셉트로 대박을 냈다. 블루오션 시장을 창출한 캐러밴은 1,000만 대 넘게 팔렸다. 이후 전 세계 자동차 회사들은 비슷한 미니밴을 쏟아냈다. 혼다 오딧세이, 토요타 시에나, 기아 카니발이 같은 종류다. 현재까지도 '닷지 캐러밴', '그랜드 보이저'란 이름의 다목적 패밀리카로 전 세계 소비자들에게 사랑받고 있다.

1955년에 나온 세단 C-300은 오늘날까지 이어지는 전설의 명차다. 이름은 미국에서 대량생산된 최초의 300마력 엔진인 'V8 헤미'에서 따왔다. 웅장한 라디에이터 그릴과 대형 휠 같은 남성적인 마초 디자인으로 눈길을 끌었다. 그해 미국 최고의 자동차 레이스인 나스카

1984년에 출시된 캐러밴은 아웃도어 붐에 맞춰 '달리는 리빙룸'이란 콘셉트로 대박을 냈다.

NASCAR에서 우승하는 등 1960년대까지 미국 머슬카의 상징이 됐다. 2003년에는 300C라는 이름을 달고 출시돼 선풍적인 인기를 끌었다. 2004년 '미국 올해의 차'로 선정되기도 했다.

사륜구동의 명가 지프와의 만남

1987년, 크라이슬러는 '지프'라는 돋보이는 브랜드를 인수하면서 대형 메이커로 자리를 굳혔다. 지프는 요즘 크라이슬러를 먹여 살리는 보약이다. 2009년 이후 매년 중국에서 30퍼센트 이상 판매가 늘고 있다. 특유의 디자인과 사륜구동 주행성능이 특징인 이 차는 한국에

1984년에 출시된 체로키는 기존 차의 단점을 완벽히 개선하고 고급스러운 인테리어와 도심 주행 성능을 보강했다.

서도 인기가 높다.

 지프의 시작은 2차 세계대전이다. 독일은 월등한 기동력을 앞세운 사륜구동 차량으로 미국과 연합군을 압박했다. 이에 미국 국방부는 곧바로 사륜구동 군수차 개발에 착수했다. 목표는 '최고 시속 80킬로미터, 차체 무게 590킬로그램, 적재량 0.25톤, 승차 정원 3명'이었다. 1941년 이 조건에 맞는 군용차 업체로 윌리스 오버랜드 사의 '윌리스

MB'가 낙찰됐다. 가벼운 차체와 뛰어난 기동력으로 산악전과 기습전에서 탁월한 성능을 냈다.

전후, 군용 지프는 민간용으로 개조됐다. 1945년 말 전쟁이 끝나자마자 윌리스는 맵시 있게 외관을 다듬었다. 민간용 'CJ Civilian Jeep' 시리즈로 변신한 것이다. 물론 험로 주파 능력과 개성 만점 디자인은 그대로 계승됐다. 민간용은 처음에는 농부나 건설현장 노동자가 주고객이었다. 하지만 점점 산악 캠핑카 등 레저용으로 용도가 다양해졌다. 이에 맞춰 디자인도 꾸준하게 바뀌었다.

지프의 마니아층은 두터웠지만 대중까지 확산하기는 어려웠다. 사실상 불편한 차였다. 별도의 운전기술이 있어야 했고 승차감은 형편없었다. 이런 단점을 완벽하게 개선하고 대박을 터뜨린 차가 1983년 출시된 '체로키'다. 성능과 디자인은 지프 고유의 맛을 살리면서 편의장치를 듬뿍 달았다. 럭셔리 지프의 원조격으로 미국 상류층의 레저용 차로 인기를 끌면서 SUV 붐을 가져왔다.

처음부터 군사용이었던 터라 지프는 2000년대까지도 이런 전통을

미국 상류층 레저용 차로 인기를 끌어온 지프 랭글러 5도어.

고수했다. 그래서인지 편의장비가 거의 달려 있지 않다. 요즘 신차는 전자제품인지 자동차인지 모를 정도로 전자장비가 잔뜩 달려 있다. 예전에는 손발을 써야 했던 것을 전자식으로 바꾼 것이다.

　지프의 슬로건은 '자연생활로 돌아가자'이다. 군용 지프의 원형을 그대로 간직한 랭글러의 시트와 사이드미러는 아직도 수동이 대부분이다. 창문도 불과 3~4년 전까지 손으로 돌리는 방식이었다. 차량 지붕도 손으로 나사를 풀어 열어야 한다. 버튼만 누르면 20초 만에 열리는 전동식 컨버터블과는 거리가 멀다.

　2009년, 미국발 금융위기의 여파로 수많은 자동차 브랜드가 매물로 쏟아졌다. 이때 아무도 미국 브랜드에 눈길을 주지 않았지만 지프 만큼은 예외였다. 크라이슬러에 지프만 떼어 팔라는 요청이 중국과 인도에서 쏟아졌을 정도다. 크라이슬러는 '떼어 팔기' 대신 새 주인으로 이탈리아 피아트를 선택했다.

한국에서도 크라이슬러와 지프는 뚜렷한 족적을 남겼다. 독특한 마케팅을 앞세워 300C 세단 단일 차종을 6년간 1만 대 넘게 팔았다. 지프 랭글러의 주 고객은 아웃도어를 즐기는 마니아층이다. 여기에 소형차의 명가인 피아트가 합류했다. 이렇게 되면 소형부터 대형 세단, 레저차량, SUV까지 풀라인업이 가능해진다. 상품성에서 유럽차와 한판 승부를 벌일 기반이 닦이는 것이다. 적어도 지프 브랜드는 한국에서 입지가 확고하다.

거대한 몸집의 GM, 포드에 맞서 독특한 상품으로 승부한 크라이슬러는 항상 새로운 시장을 창출하며 생존해왔다. 피아트와 새롭게 결합한 크라이슬러가 인간의 삶을 윤택하게 해주는 블루오션 자동차를 어떻게 만들어낼지 기대된다.

워커홀릭
세르지오 마르치오네 회장의
애플식 혁신

요즘 가장 주목받는 세계 자동차 업계의 스타 CEO라면 피아트·크라이슬러를 이끌고 있는 세르지오 마르치오네 회장이 아닐까 싶다. 이탈리아계 캐나다인인 그는 하루 서너 시간만 자면서 주말에도 쉬지 않고 일하는 일벌레다. 연간 휴가는 닷새 남짓이다. 그는 회사를 수평조직으로 뜯어 고쳐 80개 본부의 보고를 직접 받고, 평소에 이메일 확인이 가능한 스마트폰 다섯 대를 들고 다닌다. 그가 최고경영자로 있는 피아트·크라이슬러를 비롯해 농기계 업체 CNH, 이사회 멤버로 있는 UBS 은행과 이동하면서도 긴밀히 소통하기 위해서다. 주당 80시간 가까이 일한다는 그는 2009년 경제지 《비즈니스 위크》 선정 '세계에서 가장 일 많이 하는 CEO'에 뽑히기도 했다.

그의 머릿속에는 애플의 성공 스토리가 가득하다. 그는 기울던 PC 회사에서 주변기기인 아이팟으로 회생한 뒤 아이폰, 아이패드 등으로 대박 행진을 이어가는 애플의 대변신 전략을 피아트에 접목시켰다. 2004년 말 누적 적자가 120억 달러(약 14조 원)에 달하던 피아트를 맡자마자 임직원들에게 아이팟의 성공비결을 공부하도록

2014년에 출시될 지프 컴패스.

독려했다. 이렇게 해서 나온 차가 2007년 선풍적 인기를 끈 소형 '피아트 500'이다. 그는 이 차를 '피아트의 아이팟'이라 불렀다.

애플처럼 인사 개혁도 단행했다. 2005년 피아트의 관리직 간부 2,000여 명을 해고하면서 젊고 유능한 중간급을 간부로 과감하게 승진시켰다. 외부 인사도 적극 발탁해 재량권을 대폭 부여했다. 그 결과 2년 만에 4억 달러의 흑자로 돌려놨다.

크라이슬러에도 이 방식을 접목시켜 흑자를 냈다. 공인회계사인 그는 캐나다 요크 대학을 나와 윈저 대학 경영학 석사학위를 받았다. 주로 유통업체와 로펌에서 경력을 쌓던 그가 자동차 업계에 들어선 건 2003년이다. 피아트 재무전략 담당 부사장으로 영입돼 이듬해 CEO에 올랐다. 그리고 2009년 피아트가 크라이슬러를 인수하면서 글로벌 업계의 조명을 받았다.

그는 한국에 관심이 많다. 크라이슬러에 이어 2013년부터 피아트도 들여왔다.

미국 **포드**

14

컨베이어 벨트
방식부터
자동차의
역사를 쓰다

전문경영인 영입해 기업 체질 대수술, 미 빅3 중 가장 먼저 위기 탈출

창업자 헨리 포드의 증손자인 빌 포드 이사회 회장은 2012년 5월 22일 미국 미시간 주 디어본 시 포드 본사에서 경축 행사를 열었다. 그는 이날 "타원형의 푸른색 포드 로고는 우리의 유산"이라며 "내 인생 최고의 날로 기억될 것"이라는 말로 감격한 마음을 전했다. 무슨 일이었을까? 자동차 왕국 포드가 이날 그동안 담보로 잡혔던 포드 로고를 되찾은 것이다.

포드는 경영 악화로 2006년 은행에서 230억 달러를 긴급 대출받아 파산 위기를 넘겼다. 로고와 미국 사업장, 알토란 같이 흑자를 내던 F-150 픽업트럭 및 머스탱 스포츠카 사업을 담보로 잡혔다.

금융 채권단은 돈을 빌려주면서 3대 신용평가 회사 가운데 두 곳에서 투자 등급을 회복해야 담보를 풀어주겠다는 조건을 내걸었다. 그런데 마침내 피치와 무디스가 2012년 5월 잇따라 포드에 투자 적격 등급을 부여한 것이다. 당시 미국 1위인 제너럴모터스GM와 크라이슬러는 투자 부적격 등급에서 벗어나지 못했다.

벤츠가 신기술과 고급차의 역사라면 포드는 자동차 역사 그 자체다. 20세기 초반 자동차의 대중화 시대를 열었을 뿐 아니라 가장 미국적인 차를 만들어왔다. 포드는 실용적이고 편안하다. 트렁크와 스위치는 큼지막하고 시트는 푹신하다. 장거리 여행에 용이하도록 대형 엔진과 대용량 에어컨을 달았다.

미국 차의 가장 큰 특징은 '편안함'이다. '슈퍼 드리븐(운전기사를 두고 뒷자리에 타는)' 차라면 미국 차의 쓰임새가 좋다. 지난해 단종된 포드 링컨 타운카가 대표적이다. 길이가 5미터가 넘는데다 4.6L V8 엔진을 달아 연비는 나쁘지만 승차감 하나는 기막히다. 픽업트럭용 강철 프레임 차체를 썼는데도 서스펜션이 매우 부드럽다.

포드의 승차감과 관련하여 재미있는 에피소드가 있다. 나의 장모는 가족여행을 할 때면 늘 뒷좌석 가운데에 앉아 내가 운전을 잘하는지 '감시'한다. 또 세상 풍경이 궁금해 조는 일이 거의 없다. 그런 장모가 2003년 링컨 타운카로 여행했을 때는 어찌나 승차감이 편안했는지 처음으로 차 안에서 주무셨다.

링컨 타운카는 고속이라고 해봐야 시속 120킬로미터가 제격이다. 달리면서 브레이크는 서서히 나눠 밟아야 부드럽게 선다. 뒷좌석에서 살짝 창문을 열고 궁금한 눈빛으로 세상을 내다보는 재미를 즐기기에는 이런 미국차만 한 것이 없다. 대신 화려하거나 섬세하지 않다. 조립 품질이 엉성해 범퍼와 차체 사이에 엄지손가락 하나가 쑥 들어갈 만한 틈새(단차)가 여럿 보일 때도 있다. (적어도 2009년까지는 확실히

그녀가 타고 떠난 그 차

포드에 관한 모든 것이 자동차의 역사다. 사진은 미시간 주 디어본에 있는 포드 본사.

그랬다.) 그렇다고 2013년 말썽 많았던 H사의 '水타페'처럼 물이 새거나 하는 큰 결함은 없다.

디트로이트 디어본에 있는 포드 박물관에 가면 자동차를 통해 인간의 생활이 얼마나 풍요로워졌는지를 한눈에 볼 수 있다. 대중차 시대를 연 '모델 T'부터 영화배우 제임스 딘이 타던 '49년형 머큐리'까지 200여 대의 차량이 전시돼 있다. 내 눈길을 끈 차는 소형버스를 개조해 만든 1930년대 캠핑카다. 그 시절에 포드는 취사시설이 달린 캠핑카를 판매했다.

요즘 포드를 보면 제대로 정신을 차린 듯싶다. 출시와 함께 포드의 대변혁을 예고한 SUV 이스케이프와 세단 퓨전에 달린 포드 로고를 가리고 '어떤 브랜드냐'고 물어보면 상당수가 독일차나 한국차라고 이야기한다. 섹시한 디자인뿐 아니라 인테리어 소재도 고급스러워졌다. 특히 신형 퓨전은 2억 원대 에스턴 마틴을 닮았다. 아쉬운 것은 미국 차 특유의 푹신한 승차감이 사라진 점이다. 유럽차처럼 핸들링에 주력한 셈이다.

포드의 역사는 자동차의 역사다. 자동차 기술자였던 헨리 포드는 1896년, 자전거 바퀴에 2기통 휘발유 엔진을 장착하고 사륜마차의 차대를 얹었다. 처음 만든 자동차였다. 그는 자동차 대중화 시대를 예감하고 1903년 6월 디트로이트에서 11명의 직원으로 회사를 설립했다. 오늘날 연매출 200조 원 포드 그룹의 시작이다.

1908년, 대중차의 기념비인 '모델 T'가 나온다. 4기통 2.9L 엔진을 달고 20마력에 최고 시속은 68킬로미터를 냈다. 놀라운 점은 가격이다. 당시 경쟁 차는 2,000달러가 넘었는데 T는 825달러였다. 평균 근로자 6개월치 월급 수준이었다. 컨베이어 벨트를 이용한 대량생산 방식 덕분이었다. 헨리 포드는 대량생산을 통해 가격을 대폭 낮췄고, 이 덕분에 자동차 시장은 커졌다. 경영학자들은 이를 '포디즘Fordisim'이라고 명명해 가르치고 있다. 1924년이 되자 미국에서만 1,000만 대의 T가 도로를 메웠다. 당시 미국에서 등록된 차의 절반이었다.

포드는 1922년 링컨 브랜드를 인수하면서 고급차 시장에 진출했

1908년에 출시된 '모델 T'는 당시 대중차 시장을 장악했다.

다. 포드의 명차라는 링컨 콘티넨털의 토대다. 헨리 포드의 장남인 에드셀 포드가 자신이 타고 다닐 차로 제작한 대형 세단이었다. 이후 콘티넨털은 미국 대통령의 전용차로 명성을 날렸다. 1970년대까지 미국의 '보수적인 부자들의 차'로 통했다.

　자유분방한 미국 청년 문화의 아이콘 머스탱 mustang은 1964년에 출시됐다. 당시 미국에서는 1가구에 차 한 대를 넘어 성인 1인당 차 한 대씩을 소유하는 세컨드카 개념이 확산되고 있었다. 포드 상품 담당 임원이던 리 아이어코카(훗날 크라이슬러 회장이 된다)는 생애 첫 차를 구입하는 대학생을 겨냥해 젊은 층의 라이프스타일과 구매력에 맞춰 소형 스포츠카를 제작했다. 사실 스포츠카와 비슷하게 생긴 스포츠 루킹카다.
　머스탱은 야생마 중 작은 조랑말 pony에 비유되면서 '포니 카'라는 애칭으로 불렸다. 디자인도 젊은이들의 기호품인 코카콜라 병처럼 곡선을 많이 썼다. 젊은이가 있는 곳에는 머스탱이 늘 따라다녔다.

그녀가 타고 떠난 그 차

1964년에 출시된 미국 청년 문화의 아이콘 '머스탱'. 사진은 2012년 출시 모델.

머스탱이 대박 나자 GM과 크라이슬러에서도 비슷한 소형 스포츠카를 내놨다. 크고 비싸서 레이스에서나 볼 수 있던 스포츠카가 가정의 애마가 된 것이다. 이후 머스탱은 진화를 거듭해 500마력 이상 출력을 내는 미국 머슬카(고출력 차)의 상징이 됐다.

1990년대에 미국에서는 GM과 포드의 조직문화가 일본이나 독일 업체보다 경쟁력이 떨어진다는 내용의 우스갯소리가 유행했다. 사무실에 뱀이 들어왔을 때 어떻게 대응할까 하는 이야기였다. 오너가 없고 명문대 MBA(경영학 석사) 출신이 득세하는 GM은 뱀을 잡기 위해 먼저 회의를 한다. 이후 컨설팅 회사에 의뢰해 안전하게 뱀을 잡을 수 있는 방법이 나올 때까지 기다린다. 그리고 뱀을 잡는 과정에서 상처를 입을 경우를 대비해 보험에 든다. 의사결정 과정에서 책임을 지려 하지 않는 풍토를 비꼰 것이다.

포드는 창업 일가가 경영에 참여하는 오너 회사다. 명령에 따라 일사불란하게 움직이는 전형적 톱다운 조직문화다. 대신 조직 스스로 움직이지 않는 경직된 면이 있다. 포드는 우선 실무자들이 뱀을 어떻게 잡을지 회의를 열고 그 결과를 간부에게 보고한다. 간부들은 또 회의를 하고 그 결과를 경영진에 보고한 뒤 명령을 기다린다. 이윽고 지시가 떨어지면 신속히 움직인다.

2000년대에 이르러 이런 조직을 바꾸고자 빌 포드 회장이 칼을 빼들었다. 그 일환으로 보잉 출신 앨런 멀럴리를 영입했다. 멀럴리는 우선 '회의로 입사해서 회의로 퇴사한다'는 포드 문화를 바꾸기 위해 시간만 끌고 능률을 저하시키는 '회의를 위한 회의'를 근절했다. 부서별로 1~2년씩 근무하고 옮기는 순환보직 제도를 없애 전문성을 키웠다. 그리고 소수 임원이 독점한 재무와 판매 정보를 공유하도록 했다. 그 결과 포드의 전 직원이 회사가 처한 위기상황을 절감했다. 사내 반발이 있었음에도 그룹 내 고급 브랜드인 재규어, 랜드로버, 애스턴마틴, 마쓰다를 차례로 매각했다.

다음은 친환경차로의 방향 전환이다. 승용차 부문에서는 기름 먹는 하마로 불린 4.0L 이상 대형 배기량 엔진을 모두 없앴다. 대신 출력을 높이는 터보엔진 개발에 주력했다. 그 결과 2012년 출시한 대형 SUV 익스플로러에 4.2L 엔진 대신 240마력이 나오는 2.0L 터보엔진

2.0L 터보 가솔린 엔진을 장착한 이스케이프.

을 달았다. 연비가 좋아진 익스플로러에 미국 소비자들은 만족했고, 대박을 쳤다. 더 이상 포드에서 대형 엔진은 찾아 볼 수 없게 됐다. 포드는 2015년까지 모든 승용차에 3.0L 이하 터보엔진을 달기를 결정했다. 여기에 하이브리드, 전기차로도 재빨리 방향을 전환했다. 보수적 기업문화로 유명했던 포드가 조직문화부터 경영 체질을 확 바꾸고 있다.

앨런 멀럴리 회장의
'원(ONE) 포드' 전략

포드의 지배구조는 한국 대기업의 오너경영과 비슷하다. 다른 점은 대주주인 포드 일가가 지속적으로 회장CEO을 맡지 않는다는 점이다. 포드 일가는 경영이 순조로울 때 회장을 맡았다가 어려워지면 외부에서 영입하거나 전문경영인을 승진시켜 위기를 돌파했다.

2006년 9월, 포드가 고유가로 인한 판매 부진을 돌파하기 위해 선택한 전문가는 보잉 부사장 출신의 앨런 멀럴리다. 나는 그를 미국 디트로이트와 독일 프랑크푸르트 그리고 서울에서 세 번 만났다. 보잉에서 36년이나 일하며 CEO 후보에 두 번 올랐지만 결국 포드에서 한을 푼 셈이다. 그는 지한파知韓派에 속한다. 보잉 시절 비행기를 팔려고 서울을 여러 번 찾아 '매운맛 김치문화'를 비롯

해 한국의 역동성을 체감했다. 궁금한 점은 자동차와 비행기의 연관성이었다. 그는 이해가 쏙 가게 답했다.

"비행기는 400만 개 부품을 조립한 제품으로 수백 명을 태우고 하늘을 날아야 한다. 안전성은 자동차보다 더 높아야 하고 연비도 중요하다. 디자인도 자동차처럼 공기역학을 최대한 이용해야 한다. 부품 3만 개 정도의 자동차는 쉬운 편 아닌가."

빌 포드는 그와 MIT MBA 동문이다. 빌 포드가 멀럴리를 영입한 것은 자동차 개발 및 판매가 미국, 호주, 유럽 지역본부로 나뉘어 시너지 효과를 제대로 내지 못하는 구조를 바꿔야 생존할 수 있다고 판단했기 때문이다. 100년 넘게 포드 일가가

1989년에 출시된 의전용 링컨.

만들어온 '톱다운' 의사결정 문화에서 이방인한테 전권을 준 것이다.

보잉에서 '구조조정의 달인'으로 불린 그는 저물던 포드에 강력한 메시지를 전달했다.

"포드의 문제는 20만 종업원을 하나로 묶는 비전이 없다는 점이다. 그러니 제품에 문제가 생기기 시작했다. 앞으로 포드, 머큐리, 링컨 브랜드에 핵심 역량을 집중하는 '원ONE 포드' 전략으로 간다."

그의 메시지는 간결했다. 위기의 원인을 미국시장 그리고 중국 등 신흥 시장의 부진으로 봤다. 2년 만에 잡다한 차종과 브랜드를 매각하거나 정리했다. "보잉에 있을 때 737비행기를 미국용과 해외용으로 나누어 만들지 않았다"며 대륙별로 흩어진 포드의 자회사를 통합해 공동개발 및 판매전략을 짰다. 그런 와중에 2008년 금융위기라는 더 큰 악재를 만났다. GM, 포드, 크라이슬러 등 미국 '빅3' 모두가 파산위기에 몰렸다. 멀럴리는 정부 지원을 받으면 강력한 구조조정이 불가능하다고 직감했다. 그래서 우선 대주주인 포드 일가의 협조를 구해 자산을 은행 담보로 내놓겠다는 재가를 받았다. 결국 은행 문턱을 뻔질나게 드나들며 '원 포드' 비전으로 설득해 230억 달러(약 28조 원)를 빌렸다. 그 덕분에 GM보다 훨씬 빨리 위기에서 벗어났다.

포드는 2009년 3분기 9억 9,700만 달러(약 1조 2,000억 원)의 영업

이익을 내면서 빅3 가운데 처음으로 부활 신호탄을 쐈다. 4년 만의 흑자였다. 구성원에게 일체감을 주고, 실용적인 차를 만드는 포드의 강점을 살린 결과였다. 포드는 이후 매년 5조 원이 넘는 흑자를 내고 있다.

ASIA
아시아

일본 **닛산**

15

기술로 승부한
꺼지지 않는
불패 신화

토요타보다 앞선 일본 기술의 자존심

2009년 이후 한국 수입차 시장에서 일본차들은 힘겨운 시절을 보내야 했다. 엔고円高가 4년째 지속된데다 2011년에는 지진으로 인해 생산마저 원활치 못한 탓으로 판매가 급감했기 때문이다. 게다가 한·EU 자유무역협정을 계기로 가격 인하에 나선 유럽차의 공격적인 판매 전략으로 일본차의 가격 경쟁력까지 떨어졌다. 여기에 신차마저 변변히 내놓지 못하다 보니 '백약百藥이 무효無效'인 상황이었다.

일본차는 2003~08년까지 한국 소비자들에게 엄청난 인기였다. 2005년에는 렉서스 돌풍으로 6년간 수입차 1위였던 BMW가 1위 자리를 내줬고, 이어 2008년에는 혼다가 1위에 올라섰다.

품질과 합리적인 가격을 내세워 한때 현대기아차를 위협했던 일본차였다. 그나마 자금력이 있는 토요타가 현대기아차를 안방에서 견제해보겠다는 전략을 가지고 2012년 풀 모델 체인지한 캠리를 시작으로 넉 대의 신차를 내놓았지만 약발이 전혀 먹히지 않고 있다.

그 가운데 닛산의 고전이 눈길을 끈다. 2013년 수입차 시장에서 그야말로 바닥이다. 해외에서는 르노-닛산 얼라이언스를 토대로 잘나가고 있지만 한국에서만은 예외인 것 같다. 눈길을 끈 차종도 2012년 상반기에 나온 박스카 큐브 정도다.

닛산은 한국 소비자에게 익숙하다. 우선, 1997년 외환위기와 동시에 출시된 삼성자동차의 SM5가 있다. 당시 삼성차는 닛산의 중형 주력차인 맥시마의 차체와 엔진을 그대로 사용하면서 디자인만 조금 바꿔 SM5를 출시했다. SM5는 '99퍼센트 닛산의 부품과 기술력이 접목된 차'라는 입소문이 나면서 당시 경쟁 국산차보다 한 단계 앞섰다는 평가와 함께 큰 인기를 끌었다.

닛산은 1914년 첫걸음을 내디뎠다. 미국에서 자동차 기술을 공부한 엔지니어 하시모토 마스지로가 설립한 닷선자동차가 그 효시다. 하시모토는 창업 당시 자본금을 지원해준 세 사람(덴 켄지로, 아오야마 로쿠로, 타케우치 아케타로)의 성의 영문 첫 글자 D, A, T를 따서 DAT(닷도)자동차로 이름을 지었다. 1931년 이모노 이바타가 인수하면서 닷도의 아들이라는 뜻을 가진 Datson에서 태양sun을 사용한 닷선Datsun으로 회사 이름을 바꾼다. 당시 일본이 군국주의를 앞세워 재벌 키우기에 나서면서 닷선은 일본을 대표하는 자동차 업체로 쑥쑥 성장했다. 사세가 커지면서 1933년에는 도쿄 근처 요코하마에 본사를 짓고 이듬해 닛산자동차로 회사명을 바꿨다. 이어 1935년, 일본의 첫 양산차로 기록된 '닷선15'를 출시한다. 토요타가 1937년, 혼다가 1952년 자동차 사업을 시작한 것과 비교하면 한참 빠른 셈이다.

일본에서는 2000년 이전까지만 해도 '판매의 토요타, 기술의 닛산, 엔진의 혼다'라는 말이 유명했다. 그만큼 닛산은 신차를 만들 때 신기술을 과감하게 도입했다. 토요타는 어떤 경쟁업체가 신기술을 개발해도 6개월 만에 신차에 적용할 수 있는 기술 흡수 능력과 품질을 앞세운 생산성에서 우위를 보였다.

닛산과 토요타의 차이점은 '달리는 즐거움Fun to Drive'이다. 토요타가 검증된 기술을 사용해 고장 없이 편안하게 탈 수 있는 신차 개발에 주력했다면 닛산은 신기술을 과감하게 도입해 다이내믹한 주행성능으로 차별화했다. 독일에서 벤츠에 대항했던 BMW 라고 할까.

대표적인 게 닛산 스포츠카다. 1969년, 일본 스포츠카의 대명사 'Z 시리즈'의 원조격인 240Z가 나온다. 페어레이디 Z로도 불린 이 차는 직렬 6기통 SOHC 2.4L 엔진을 달았다. 당시 유럽 차뿐이던 스포츠카 시장에서 성능면으로 유럽 차와 견줄 만했다. Z는 네 차례에 거쳐 신모델이 나왔지만 경영이 어려워지면서 1996년 단종됐다가 2002년 다시 350Z로 부활해 2인승 스포츠카로서 명맥을 잇고 있다.

또 다른 명차는 일본 스포츠카의 전설로 불리는 GT-R이다. 초기에는 '포르쉐를 추월하는 일본차'라는 별명도 얻었다. 일본 투어링카 선수권 50승 기록을 세운 명차다. 1957년, 스카이라인이라는 이름으로 첫 선을 보인 이 차는 원래 프린스 자동차가 만들었지만 1966년 닛산이 프린스를 인수하면서 닛산의 대표차가 됐다. 1969년에 나온 2세대 모델의 고성능 버전인 스카이라인 GT는 일본 최초로 직렬 6기통 DOHC 24밸브 2L 엔진을 달았다. 최고출력 160마력, 최고 시

1969년에 출시된 일본 스포츠카의 대명사
'Z시리즈'의 원조 240Z.

속 200킬로미터를 내 당시 일본 그랑프리에서 시상대를 독점하던 포르쉐 904와 팽팽한 접전을 펼쳐 화제가 됐다.
  요즘 판매되는 6세대 GT-R은 2007년 도쿄 모터쇼에서 첫 선을 보였다. 외관은 고질라를 연상시킨다. 나카무라 시로 디자인 총괄은 "포르쉐가 유선형의 아름다운 자태라면 GT-R은 강인함을 돋보이게 하는 괴수를 연상시키게 한다"고 설명했다. 3.8L 트윈터보 V6 엔진은 500마력에 60kg.m의 토크를 뿜어낸다.
  닛산은 1950년대에 본사를 한국의 명동에 비유되는 도쿄 긴자銀座

그녀가 타고 떠난 그 차

로 옮기면서 도쿄의 대표적 기업이 됐다. 시골에서 출발한 토요타(나고야), 혼다(하마마츠)와 사풍도 사뭇 달랐다. 세련된 유명 대학 출신들이 유독 많았다.

  1990년대 중반 토요타, 혼다, 닛산의 고위급 임원 가운데 도쿄대학 출신 비율을 보면 토요타는 10~20퍼센트, 혼다는 10퍼센트 미만인 데 비해 닛산은 무려 60퍼센트가 넘었다. 문제는 도쿄대 임원들의 파벌 싸움이었다. 연구개발, 생산은 도쿄대 공대가 잡았다. 재무, 영업, 마케팅은 도쿄대 법대 출신이 맡았다. 그러다 보니 의사소통에 어려

GT-R 1세대.

GT-R 2세대.

GT-R 3세대.

GT-R 4세대.

GT-R 5세대.

GT-R 6세대.

움이 생겼다. 1990년대에 닛산이 몰락한 중대한 이유다. 기술 분야 임원들은 "좋은 차를 만들어줬는데 판매, 마케팅이 실력이 없어 문제"라고 둘러댔다. 판매 분야 임원들은 "토요타에 비해 품질과 인테리어가 좋지 않아 판매가 떨어진다"면서 연구소와 생산에 핑계를 댔다.

더구나 도쿄대 선후배가 고위층에 대거 몰려 있다 보니 이른바 '봐주기' 문화가 생겨났다. 통상 사장 승진이 안 된 부사장급은 계열사 사장으로 나가는 게 관례였다. 그런데 선배가 맡은 계열사를 후배 사장이 건드릴 수 없게 되면서 계열사의 부실이나 품질 문제를 덮고 지나가는 경우가 많이 발생했다. 계열사들이 닛산의 영양분을 빨아먹고 이익을 내는 중병에 걸린 셈이다. 1998년 부도 위기에 몰렸을 때 임원회의에서는 "소비자가 닛산의 신기술을 모르는 게 문제니 소비자를 교육해야 판매가 증가할 것"이라는 기가 찬 결론이 나올 정도였다. 닛산의 동맥경화를 보여주는 단적인 예다. 그러다 보니 소비자에게 혼동을 주는 경우도 많았다. 토요타는 신 모델이 나와도 실내에 편의장치를 조작하는 버튼의 위치가 일정한 반면 닛산은 들쑥날쑥했다. 닛산차를 타던 소비자들은 혼란스러웠을 뿐만 아니라 그만큼 개발비도 많이 들었다.

결국 닛산은 1999년 6월 르노에 인수됐다. 그리고 카를로스 곤(현 회장)이 부임했다.

곤이 가장 먼저 손을 댄 것은 능력 위주의 인사다. 또 닛산이 없으면 이익을 내지 못하는 계열사들을 정리해 몸통을 가볍게 했다. 외국인인 곤의 눈에 도쿄대 선후배들을 안배하는 인사는 있을 수 없었다.

닛산이 불과 2년 만에 흑자를 내면서 순식간에 부활한 가장 큰 비결은 의사소통을 가로막고 있던 도쿄대 인맥을 치료한 것이었다.

닛산은 2000년 6,000억 엔(약 6조 3,000억 원) 적자에서 2001년 단숨에 3,720억 엔(약 3조 9,000억 원) 흑자로 돌아섰다. 그리고 1조 4,000억 엔에 달하던 악성 부채를 모두 변제했다. 닛산의 부활로 곤 회장은 단숨에 세계적인 경영자가 됐다. 하지만 이런 극적인 부활은 닛산이었기에 가능했다는 평도 나온다. 자동차의 기본인 기술개발과 생산관리에서 토요타와 맞먹던 닛산 아니었던가.

닛산의 해외시장 공략은 1958년 미국에 '닷선Datsun' 브랜드가 진출하면서부터다. 미국에 내놓은 첫 차는 48마력을 내는 1,200cc 엔진을 단 닷선 세단이었다. 당시 토요타의 크라운과 함께 '미국의 낮은 언덕도 힘이 달려 넘기 힘든 차'라는 평판을 받았다.

미국에서 닛산의 영광은 1962년에 나온 중형 세단 블루버드부터 시작됐다. 145마력을 내는 4,000cc엔진과 3단 변속기를 조합해 미국차에 뒤지지 않는 성능을 냈다. 뛰어난 성능으로 미국에서는 순찰차로도 쓰일 정도였다. 블루버드 시리즈 중 가장 유명한 닷선 510Datsun 510은 닛산이 미국시장에 맞게 출시한 모델이다. 유럽 세단들에 영감을 얻어 SOHC엔진, 전륜은 맥퍼슨 스트럿, 후륜은 독립 서스펜션을 달았다.

2010년에 나온 6세대 모델 370Z는 한층 더 강력해진 성능으로 재탄생한 Z시리즈의 최신 모델이다. 응답성, 출력, 연료 효율은 향상시키면서 배기가스는 줄인 신형 3.7리터 DOHC V6 엔진을 탑재해 최

Datsun Sedan.

Datsun 510.

미국에서 순찰차로도 사용됐던 1962년형 Bluebird.

Datsun Truck.

젊은이들 사이에서 '가장 갖고 싶은 스포츠카'로 손꼽히는 370Z.

고 출력 333마력과 최대 토크 37kg.m의 성능을 발휘했다. 빠른 변속 타이밍과 높은 응답성을 지닌 신형 7단 자동변속기와 액셀러레이터를 밟는 정도에 따라 연료 흐름을 최적으로 제공하는 닛산 고유의 가변식 흡기밸브 리프트 컨트롤 VVEL, Variable Valve Event and Lift 을 달아 빠른

그녀가 타고 떠난 그 차

응답성과 높은 연료 효율성을 자랑했다. 궁극의 드라이빙 쾌감과 강력한 성능, 숨 막힐 듯 매혹적인 스타일과 5,000만 원대의 합리적인 가격 경쟁력까지 두루 갖췄다. 가격 대비 높은 가치가 바로 370Z를 '가장 갖고 싶은 스포츠카'로 자리매김시킨 성공요소다.

닛산 부활의 일등공신
카를로스 곤 회장

    카를로스 곤은 1999년 경영위기에 직면한 닛산의 최고운영책임자 COO로 발령받아 2000년 6월 사장으로 승격된 이래 과감한 비용 절감 조치로 회사를 흑자로 돌려놓는 등 닛산차의 성공적인 재건을 이뤄낸 경영인이다. 나는 곤 회장을 10회 정도 만났는데 그는 주로 질문에 걸맞은 대답을 하기보다 자신이 하고 싶은 말을 늘어놓곤 했다. 그는 작은 키에 독특한 외모로 늘 사람들의 시선을 끄는데, 특유의 따발총처럼 쏘아대는 빠른 말투와 독특한 몸짓이 언론인들에게 호감을 주기도 한다.

    공격적이고 도전적인 그의 삶은 출생과 성장 과정에서 기인한다. 그는 1954년 레바논인 아버지와 프랑스인 어머니 사이에서 브라질 이민 3세로 태어난 뒤 레바논에서 자랐으며, 프랑스의 명문 국립이공과대학(에콜폴리테크니크)을 졸업했다. 영어, 프랑스어, 이탈리아어 등 5개 국어에 능통하며, 프랑스와 브라질 국적을 갖고 있다. '미쉐린 타이어'에 입사한 그는 1985년(31세) 남미 사업 총괄자가 됐고, 35세에는 북미 미쉐린 CEO가 되는 등 최연소 승진의 주인공이 됐다. 남미 사업을 담당할 당시 1,000퍼센트가 넘는 인플레로 회사가 고비를 맞았을 때에도 신속하고 정확한 판단력과 추진력으로 위기를 극복했다.

1996년, 42세의 곤은 르노에 부사장(연구개발. 제조 담당)으로 스카우트됐다가 닛산이 르노에 인수되면서 1999년 6월 닛산의 COO(업무최고책임자)에 취임했다. 그러나 그가 취임할 당시 일본 내에는 "일본을 이해하지 못하는 외국인 경영자가 일본문화가 숨 쉬는 닛산을 제대로 경영할 리 없다"고 반대하는 여론이 많았다. 당시 닛산은 2조 1,000억 엔의 부채와 연간 1,000억 엔의 이자 부담에 시달리는 등 경영위기를 겪고 있었다.

그는 취임한 해 10월에 부채를 2002년 말까지 7,000억 엔으로 삭감하겠다는 내용을 골자로 한 '닛산 리바이벌 플랜NRP'을 제시했다. 그리고 이 약속을 못 지키면 닛산을 떠나겠다는 선언을 했다.

닛산 재건은 혹독한 구조조정으로 시작됐다. 우선 계열사를 포함해 4,200억 엔어치의 자산(85%)을 매각했다. 전체 사원의 14퍼센트에 해당하는 2만 1,000명의 인원을 감축했고, 20개 판매 회사의 사장을 교체했다. 아울러 비생산적인 공장 폐쇄와 닛산에 의존하는 계열사도 통합하거나 팔아버렸다. 20퍼센트의 구매 비용 삭감, 중간관리층의 혁신적인 교체, 연공서열을 파괴한 인사 등 대폭적인 개혁을 실시했다. 독특한 비용절감 기법과 냉혹한 구조조정으로 '코스트 킬러cost-killer' 혹은 '코스트 커터cost-cutter'라는 악명을 얻기도 했다.

곤 회장이 주도한 구조조정이 효과를 보고 닛산의 기술을 바탕

2010년에 출시된 큐브 2세대.

으로 한 공격적인 신차 투입이 이어지면서 닛산은 2000년 6,000억 엔 적자에서 2001년에는 3,720억 엔 흑자로 돌아섰다. 아울러 1조 4,000억 엔에 달하던 악성 부채도 모두 갚았다. 이런 공적으로 2000년 말 주간지 《타임》과 방송 CNN이 공동 선정한 '세계에서 가장 영향력 있는 CEO'에 뽑혔다. 닛산은 2003년도 결산에서도 전년도 대비 9퍼센트 증가한 4,643억 엔의 사상 최대 순이익을 냈다.

한편 곤은 2004년 외국인 경영자로는 처음으로 일본 정부가 공공의 이익에 기여한 사람에게 주는 훈장인 '남수포장藍綬褒章'을 받기도 했다.

2013년 카를로스 곤은 르노-닛산 회장직을 여전히 수행하고 있다. 세계 자동차 업계에서 오너가 아닌 CEO로 13년을 재직한 것은 드문 일이다. 그래서인지 곤 주변에는 2인자가 없다. 가장 강력한 후임으로 꼽혔던 카를로스 타바레스 부회장을 2013년 8월에 내쳤다. 타바레스는 2014년 푸조의 사장으로 복귀한다. 곤 회장이 어떤 형태로 (명예롭게) 물러날지 관심거리다.

일본 **스바루**

16

사륜구동 자동차의 현재와 미래

일본 사륜구동의 명가

일본 후지중공업의 스바루는 남들이 하지 않는 새로운 분야를 파고드는 독특한 기술로 생존해왔다. 현재 후지중공업의 전체 매출 가운데 자동차가 80퍼센트를 차지한다. 나머지는 항공우주 및 산업용 엔진이다.

스바루는 사륜구동의 명가다. 일본에서만 판매되는 경차를 제외하고 승용차든 SUV든 모두 사륜구동이다. 여기에 세계 자동차 업체 가운데 포르쉐와 더불어 수평대항 엔진을 쓰는 회사로 유명하다. 일반적으로 자동차 엔진이 직렬이나 V형인 것과 달리 피스톤이 좌우로 마주보면서 수평하게 움직여 이런 이름이 붙었다. 각 피스톤의 움직임에 의해 발생하는 관성력이 맞은편의 피스톤에 의해 상쇄되어 좌우 진동이 거의 없고 작동 및 중량 균형이 뛰어나 높은 rpm에서도 부드럽게 회전수를 높일 수 있다. 피스톤의 움직임이 권투선수가 주먹을 내미는 것과 비슷하다고 해서 '박서Boxer 엔진'으로도 불린다. 이

엔진은 정숙성과 연비가 뛰어난데다 차체 무게중심이 낮아 핸들링이 좋다. 생산은 상대적으로 어렵다. 기술에 대한 고집을 버린 적이 없는 스바루는 마니아층이 두텁다.

험난했던 역사

1917년, 나카지마 치쿠헤이가 창립한 항공기 연구소로 출발한 후지중공업은 일본 최초의 항공기 제작사인 나카지마 항공회사를 설립해 피스톤 엔진 항공기 24종과 제트기 2종을 생산했다. 2차 세계대전 때는 일본 군부의 사업을 도맡아 일본의 주력 전투기였던 '제로센' 엔진을 제작했다. 이 전투기 엔진이 바로 수평대항이다. 당시 제로센은 연비가 뛰어나 미군의 머스탱 전투기보다 항속거리가 20퍼센트 이상 더 나왔다. 일본의 패망으로 전쟁이 끝나면서 1945년 일본을 장악한 미국은 일본의 진주만 공격에 치를 떨며 더 이상 일본 업체들이 비행기를 생산하지 못하도록 금지했다.

나카지마 항공도 1945년 후지산업으로 이름을 바꾸고 항공 부품을 이용해 스쿠터를 생산했다. 그리고 1950년대 중반, 일본의 재벌 해체에 따라 자동차 섀시, 엔진, 버스 생산업체 등과 함께 사업별로 제휴, 합병돼 현재의 후지중공업이 생겨났다. 여섯 개의 별모양이 특징인 로고는 1953년 설립 50주년을 기념해 탄생했다.

'스바루'는 '지배하다, 모이다'라는 뜻을 가진 일본의 고어다. 일본

1958년에 출시한 스바루의 경차 360.

고전인 《고사기古事記》, 《만엽집萬葉集》 같은 고대문학에서는 별자리 이름으로 쓰였는데, 여섯 개의 별이 모인 황소자리를 말한다. 모기업인 후지중공업이 여섯 개 회사가 합병돼 설립된 연유로 이같이 이름이 지어졌다. 스바루의 엠블럼은 푸른 하늘을 바탕으로 황소자리의 여섯 개 별을 형상화한 것이다.

후지중공업은 항공기 사업이 봉쇄되자 자동차 회사로 변신을 시도했다. 평소 "차를 만들려면 제대로 만들어야 한다"는 확고한 신념을 갖고 있던 켄지 키타 후지중공업 초대 회장은 1954년 항공우주 기술력을 바탕으로 최초의 프로토타입 승용차인 'P-1'을 개발했다. 이 차는 1958년 출시된 경차 '스바루 360'의 단초가 됐는데, 비행기 설계의 기본인 모노코크(뼈대를 얽어 만드는 구조) 방식과 플라스틱 부품을 사용했다. 비행기를 만들던 피는 속일 수 없었던 듯하다. 실내공간이 널찍한데다 가벼워 연비가 좋았다. 귀여운 외모에 저렴한 가격까지 맞아떨어져 1960년대 '마이 카' 붐을 타고 대박이 났다. 일본 경제부흥의 주역인 단카이 세대(1950년 전후에 태어난 세대)는 이 차를 타면서 일본을 선진국에 진입시켰다.

1966년에 출시된 '스바루 1000'은 수평대항 엔진을 단 전륜구동 방식으로는 세계 최초로 대량생산된 차다. 1972년에는 세계 최초로 사륜구동 승용차 판매를 시작했다. 이는 1980년대 초 아우디의 사륜구동보다 10년이나 빠르다. 또 AWD 시스템을 정교하게 개선해 안전을 보장하는 대칭형 AWD 시스템을 개발했다.

하지만 AWD는 스바루의 발목을 잡기도 했다. 아직도 포레스터가 시대에 뒤떨어진 4단 자동변속기를 쓰는 이유는 바로 이 시스템 때문이다. 다른 자동차 업체들이 자동변속기 전문 업체인 독일 ZF나 일본 아이신의 자동 6~8단 변속기를 마음대로 사용할 수 있는 데 비해 스바루는 대칭형 AWD 시스템 때문에 독자 개발한 변속기만을 써야 한다. 타사의 제품은 차체 구조에 맞지 않기 때문이다. 그런 이유로 상품성이 떨어지는 4단 자동변속기를 쓰고 있다.

스바루는 수평대항 엔진 사용에 따른 낮은 무게중심에 덧붙여 자동차 차체 중심 부근에 무거운 부속들을 배치해 더욱 무게중심을 낮추었다. 스바루의 이치가와 가즈하루 엔진기술 총괄부장은 "수평대항 엔진은 스바루만의 특징인 사륜구동 설계를 손쉽게 해줄 뿐 아니

수평대항 엔진을 단 전륜구동 방식으로는 세계 최초로 대량생산된 스바루 1000.

라 연비도 전륜 또는 후륜구동 차량에 비해 떨어지지 않는 등 장점이 많다"고 설명했다. 사륜구동인 포레스터 SUV의 경우 2.5L 가솔린 엔진에 4단 자동변속기를 달고도 공인연비가 10km/L 이상 나온다. 스바루는 디젤 엔진도 수평대항 방식으로 만들고 있다.

수평대항 엔진은 장점이 많지만 엔진오일 누수 등 기술과 생산에 어려움이 많아 극소수 자동차 회사만 제작할 뿐이다. 스바루처럼 비행기 엔진 제조사로 출발한 BMW는 모터사이클에 이 엔진을 달고 있다. 엔진오일 교환 등 유지 보수나 내구성은 일반 엔진과 똑같다.

스바루는 2000년대 초 한국과 인연이 닿을 뻔했다. 이 회사는 연간 판매가 60만 대 정도로 규모가 작아 항상 외부 업체와 제휴를 하는

스바루의 사륜구동 AWD 시스템.

데, 2000년 닛산이 갖고 있던 주식 20퍼센트가 매물로 나왔다. 이를 현대차가 입질했다. 그들의 기술이 탐나서였다. 하지만 일언지하에 거절당했다. 현대차가 신기술에 주력하지 않는다는 게 이유였지만 속내는 한국 회사라는 게 자존심이 상했던 것이다. 결국 지분은 GM에 넘어갔다가 2008년 토요타가 다시 사들였다. 스바루는 한일합방 100년인 2010년 4월 한국에 진출했다. 국내 판매 모델은 패밀리 중형 세단 '레거시', 중형 크로스오버 차량인 '아웃백', SUV와 세단의 장점이 결합된 '포레스터'다. 하지만 엔고 환율로 고전하다 불과 5년만

스바루의 중형 CUV, 아웃백.

인 2012년 말에 철수했다. 자동차 판매 경험이 없던 한국 수입 업체와 갈등을 빚고 갈라섰다.

사륜구동과 수평대향 엔진으로 대표되는 스바루의 또 다른 특징은 안전성이다. 미국에서 4만 달러가 넘는 럭셔리카가 아닌 2만~4만 달러 가격대에 포진한 스바루는 대중차 가운데 안전성이 단연 뛰어났다. 미국 고속도로안전보험협회 IIHS는 2010년과 2011년 연속으로 세단 레거시, 크로스오버 아웃백, SUV 포레스터를 '가장 안전한 자동차 Top Safety Pick'로 선정했다. 또 세 모델은 2009년 미국 도로교통안전국 NHTSA에서 실시한 충돌테스트에서 최고 등급인 별 5개를 받았다. 정면충돌의 경우 사륜구동 구조의 특징인 차량 가운데 차축(프로펠러 샤프트)이 들어간 것도 안전도 테스트에 도움이 됐다.

스바루는 2009년 금융위기 여파로 자동차 판매가 줄어든 미국시장에서 일곱 개 일본 자동차 업체 가운데 유일하게 판매가 증가했다.

토요타나 혼다와 비교하면 비슷한 가격대지만 내구성과 안전성이 입증돼 불황기에 소비자의 선택이 늘었다. 특히 눈이 많이 오는 미국 동부 지역 판매가 호조다.

후지중공업은 스바루 자동차의 개발을 가능케 한 수많은 혁신적 개발의 역사를 통해 '주행의 즐거움'이라는 개념을 강조해왔다. 언제나 즐겁게 운전할 수 있는 '운전자의 자동차'를 지향해온 것이다. 그런 점에서 나는 스바루를 독일 BMW나 아우디와 비교할 수 있다고 생각한다. 운전의 즐거움은 BMW의 모토고, 기술을 통한 진보는 아우디를 대표하기 때문이다. 그리고 현존하는 가장 저렴한, 가격 대비 가치가 높은 사륜구동차다.

스바루 자동차
핵심기술

　날씨나 도로 상태에 상관없이 이론적으로 안전한 주행을 가능하게 하는 게 바로 사륜구동이다. 스바루는 1972년 사륜 승용차를 양산하면서 다양한 혁신기술을 통해 바퀴에 최적의 토크를 분배해주는 대칭형 AWD 시스템을 선보여왔다. 무게중심이 낮은 수평대항 박서엔진과 일직선으로 배치된 트랜스미션은 스바루에서만 경험할 수 있는 안정적인 코너링, 즉각적인 응답성을 전달하는 핵심기술이다. 여기에 AWD 시스템이 결합돼 코너링 시 정밀한 핸들링은 물론, 고속주행이나 악천후 속에서도 도로에 밀착된 듯 더욱 안정적인 주행이 가능하다.
　대칭형 AWD 시스템의 균형감은 바로 거의 완벽한 좌우대칭을 이루며 세로로 배치된 동력장치에서 기인한다. 박서엔진을 보다 낮게 장착하고 무거운 트랜스미션을 휠베이스 사이로 밀어 넣어 앞뒤, 좌우 모두 최상의 무게 밸런스를 확보하게 된 것이다.
　주행 시 도로에 맞닿는 타이어의 실제 면적은 손바닥 크기에 불과하다. 실제로 운전자가 원하는 방향으로 차량을 움직이게 해주는 것은 바로 '토크torque', 즉 구동력이다. 대칭형 AWD 시스템은

스바루 3세대 박서엔진

도로 상황에 따라 앞뒤 구동력을 자동으로 분배하면서 각 바퀴로 분배되는 토크의 양을 실시간으로 조절해 안정성과 다이내믹한 핸들링을 가능하게 해준다. 이는 일반 사륜구동과 스바루의 AWD 기술을 구분하는 핵심요소이기도 하다.

한편 직렬엔진이나 V형 엔진은 피스톤이 수직 방향으로 움직여 차량의 무게중심이 높아진다. 반면 수평대항 박서엔진은 마주보고 있는 피스톤이 좌우로 움직이기 때문에 위아래 진동이 전혀 없고 무게중심도 한층 낮다. 또한 커브길 등 도로 상태에 상관없이 센터 구동축과 같은 방향으로 차체를 움직여 보다 부드러운 주행이 가능하다. 특히 스바루의 독창적인 설계 방식과 경량화 기술을 통해 엔진은 더욱 작고 가볍다. 차체 깊숙이 장착돼 무게중심을 낮춘다.

나는 BMW R1100S라는 모터사이클을 갖고 있는데 여기에 달린 엔진이 수평대항이다. 시동을 걸고 스로틀을 열면 차체가 좌우로 미세하게 움직이는 것을 느낄 수 있다. 바로 좌우로 피스톤이 움직이는 것이 진동으로 전달되는 것이다.

이처럼 수평대항 엔진은 장점이 있지만 자동차 회사로는 스바루와 포르쉐 딱 두 회사뿐이다. 포르쉐도 스포츠카 이외에는 모두 V형 엔진으로 전환했다. 수평대항 엔진의 단점은 V형에 비해 면적이 넓다는 점이다. 보닛 공간을 효율적으로 설계하기 어렵다. 그러다 보니 변속기를 위치할 공간이 작아져 전체적으로 자동차 설계와 디자인에 적합하지 못하다. 스바루 차량이 기술적 완성도는 높아도 디자인에서 구시대적이다 또는 못생겼다는 소리를 듣는 이유가 바로 수평대항 엔진을 고집하는 데 있으니 아이로니컬하다.

스바루의 새로운 환형 강화 프레임New Ring-shaped Reinforcement Frames은 강한 필러와 프레임이 캐빈을 둘러싸도록 설계되어 캐빈이 충격을 받아도 변형되지 않도록 만들어졌다. 충격 흡수 능력이 뛰어난 프레임 구조를 바탕으로 모든 결합부를 강화하는 등 다양한 기술을 통해 전면충돌의 충격을 효과적으로 흡수하는 것이다. 후면부 충돌 시에는 보다 충격을 효과적으로 흡수하기 위해 뒷범퍼 빔을 설치했으며, 프레임을 직선 형태로 변경하여 충돌 시 찌그러질 수 있는 공간을 충분하게 확보해 뒷좌석 탑승자의 안전성을 개선했다. 측면 충돌에 있어서는 중앙 필러 강도의 균형을 최적화하여 모든 방향에서 탁월한 충돌 안전성능을 발휘한다. 이 밖에도 앞범퍼의 충돌 흡수 성능을 개선하고 앞 후드 프레임 구조를 강화하는 등 보행자 안전성 역시 향상시켰다.

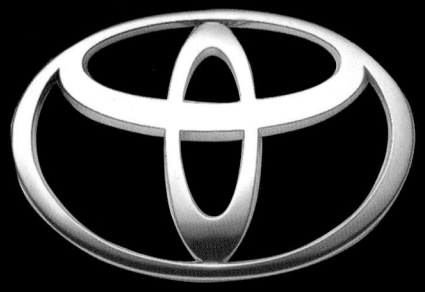

일본 **토요타**

17

토요타생산방식으로
전 세계의
표준을 만들다

일본의 장인정신을 상징하는 '품질의 대명사'

나는 2004년 한국인의 시각으로 본 토요타 평전을 출간한 적이 있다. 이후 4년간 기업이나 대학에서 100번 넘게 관련 강의를 했다. 토요타가 왜 강한지 분석해달라는 요청이었다. 강의 말미에는 항상 이런 말을 했다.

"최강 토요타가 적자를 낸다는 건 상상하기 힘들다. 과연 토요타가 적자를 냈다는 뉴스를 들을 일이 생길까."

토요타는 1970년대 이후 '품질의 대명사'로 불리며 '모노츠쿠리(물건 잘 만드는 장인정신)'의 상징으로 일본을 대표하는 제조업의 바통을 이어왔다. 말이 씨가 됐을까. 토요타는 2009년, 영업적자를 냈다. 1950년, 부도 위기를 넘긴 이래 처음이다. 미국발 금융위기의 여파로 최대 시장 미국의 판매가 곤두박질치면서다. 전년 대비 판매가 20퍼센트 이상 떨어진 698만 대에 그치며 약 5조 원(4610억 엔)의 손실을 봤다. 미국 언론은 "고의적인 적자가 아니냐"며 의심을 쏟아냈다. 미국의 GM, 포드, 크라이슬러 이른바 미국 빅3가 모두 수조 원의 적자를 냈는데, 미국에서 엄청난 이익을 내는 토요타 혼자만 흑자를 내면 미운 털이 박힐 수 있다는 토요타 경영진의 판단이 작용했다는 것이다. 기존 15년이던 대규모 투자에 따른 감가상각 규정을 5~7년으로 바꾸면서 비용을 많이 털어냈다는 것이 의혹의 주요 근거였다. 사실 토요타는 계속 잘나갈 줄 알고 꾀를 낸 면이 있었다.

하지만 이듬해 상황은 급변했다. 금융위기 같은 외부 요인이 아니라 내부 문제에 비상등이 켜지기 시작한 것이다. 2010년 2월 시작된 미국발 토요타 리콜 사건이 그 핵심이다. 반년 동안 무려 1,000만 대 이상의 토요타 차량이 불과 6개월 동안 한꺼번에 리콜되면서 '품질 = 토요타' 등식에 금이 갔다. 물론 음모론도 있었다. 미국 빅3의 몰락을 조금이라도 늦추려고 미국 정부와 일부 미디어가 토요타 음해 시나리오를 펼쳤다는 설이다.

1990년대부터 2008년 미국발 금융위기가 터지기 직전까지 토요타 전체 영업이익의 절반 이상이 미국시장에서 나왔다. 토요타의 이익 구조가 지나치게 북미시장으로 편중된 것이다.

악재는 한꺼번에 찾아온다고 했던가. 2011년 3월, 동일본 대지진의 영향으로 토요타는 그 해 3~8월까지 6개월 동안 전체 생산 가능 규모의 절반밖에 만들지 못했다. 지진 피해를 본 부품업체들이 부품을 제때 공급하지 못했기 때문이다. 재고를 두지 않고 제때 부품을 조달해 조립하는 토요타 특유의 '저스트 인 타임JIT'이 발목을 잡았다. 생산을 못 한 여파로 2분기(4~6월)에 1조 원이 넘는 적자를 냈다. 리콜과

지진 탓도 있지만 최강의 제조업체 토요타가 예전만 못해진 것 아니냐고 여기저기서 수군거렸다.

그렇다면 토요타가 적자를 낸 원인은 무엇일까. 지진으로 인한 적자는 천재지변이라고 할 수 있지만 미국 금융위기 여파와 리콜로 생긴 적자는 다른 시각으로 봐야 한다. 최강 토요타에 문제가 생긴 것이다. 우선 슬그머니 찾아온 '자만'이 꼽힌다. 토요타는 2007~08년, 77년간 세계 1등을 해온 GM을 누르고 세계 자동차 판매 1위를 기록하며 기고만장했다. GE같은 글로벌 기업부터 각국 정부나 유명 대학까지 나서 "토요타를 배우자"고 외쳤다. 한국에서도 토요타 열기는 대단했다. LG전자는 최고경영자가 일본 도요타를 방문해 "토요타생산방식을 가르쳐 달라"고 부탁했을 정도다. 입이 벌어질 정도의 영업실적을 보면 그럴 만도 했다.

2008년 토요타 그룹(토요타 자동차와 14개 주요 계열사)의 매출은 400조 원(약 36조 엔)으로 2000년 이후 아시아 최대 제조업체 자리를 굳건히 지켜왔다. 자동차 매출만 270조 원에 달했다. 토요타 자동차의 영업이익은 2008년 한 해 25조 원(2조 2704억 엔)으로 일본 기업 역대 최대치였다. 더욱 놀라운 것은 토요타의 현금 보유액이다. 1년 내 현금화할 수 있는 자산이 50조 원이 넘었다. 일본에서 '토요타 은행'이란 말이 나올 정도였다. 산술적으로 2000년부터 9년간 낸 영업이익을 합치면 200조 원에 달한다.

토요타의 창업 당시 회사 이름은 창업자의 성에서 따온 도요다豊田였다. 1950년대 중반 미국 진출을 앞두고 TOYOTA가 미국인들에게

더 강한 인상을 준다고 판단해 사명을 바꿨다.

　토요타의 대표 차량을 꼽자면 단연 중형차 캠리다. 1970년대 미국에서 소형차 코롤라의 성공으로 자신감을 갖은 토요타는 1983년 미국 빅3의 아성인 중형차 시장에 출사표를 낸다. 캠리는 지금까지 일

그녀가 타고 떠난 그 차

미국, 일본에서는 판매가 호조지만, 한국에서는 부진한 토요타의 대표 하이브리드카 프리우스.

곱 번 모델이 바뀌면서 단 한 번의 실패도 없이 최고 매출을 올렸다. 매년 전 세계 100개국에서 60만~90만 대가 판매돼 지금까지 1,450만대 이상이 팔렸다. 넓은 실내 공간에 3,000만 원 전후(미국에서 2만 5,000~3만 2,000달러)의 합리적인 가격 그리고 품질이 뛰어나 '기름만 넣어주면 손 볼 데 없이 달리는 차'라는 명성을 얻기도 했다.

내가 타본 캠리의 가장 큰 장점은 합리적 가치와 무난함이다. 절대 어느 쪽으로 치우친 게 없다. 현대차의 YF쏘나타가 확 바뀐 디자인으로 처음 논란이었지만 판매 성공으로 모든 우려를 잠재웠다. 캠리는 상대적으로 쏘나타와 같은 모험을 하지 않는다. 내구성이 뛰어날 뿐 아니라 10년을 써도 잔고장이 거의 없어 중고차 가격도 동급 차량 가운데 가장 비싸다. 여기에 화려한 실내 인테리어나 신기술을 도입하기보다는 평범한 중산층이 타는 가족용 차에 딱 맞는 옵션을 제공한다. 자로 잰 듯한 핸들링까지는 아니지만 시속 150킬로미터 이내로 달리면 결코 어떤 차에도 뒤지지 않는 주행 성능을 보여준다. 여기에 넓은 실내 공간은 캠리를 미국 중형차 1위로 끌어올린 강점이다. 대중 브랜드를 찾는 중산층이 요구하는 중형차의 기준을 대부분 만족시키는 것이다. 캠리는 항상 '이성적 가치를 찾는 사람들의 합리적인 4도어 세단'으로 계속 선택되어 왔고, 앞으로도 그럴 가능성이 크다. 이 합리적 가치야 말로 약 1,450만대 가까운 누적 판매 대수를 자랑하는 글로벌 중형세단으로 키워온 원동력이다. 캠리는 지금도 전 세계 100개 이상의 나라에서 매년 가장 많을 때 90만 대, 가장 적을 때라도 60만 대 이상을 판매한다.

캠리는 1997년부터 내리 6년 연속 미국 승용차 판매 1위를 기록했던 포드 토러스를 물리치고 1위에 오른다. 이후 15년 가운데 한 번을 빼고 1위를 지켰다. 캠리는 일본어로 머리에 쓰는 '갓冠(가무리かむり)'에서 이름을 따왔다. 재미난 점은 1950~80년대 토요타가 미국 시장을

스포티한 현대 아반떼 디자인을 의식한 듯 한결 날렵해진 11세대 코롤라.

공략한 모델은 모두 머리에 쓰는 갓冠과 관련된 '네이밍'을 사용했다는 점이다. 토요타는 1958년 미국에 처음 수출한 크라운 王冠이 실패하자 티아라 小冠(2세대 코로나의 미국 네이밍)로 재도전했다. 3세대 코로나 光冠로 미국 시장에 토요타의 이름을 알렸고, 코롤라 花冠로 성공했다. 그리고 1983년 FF(전륜구동) 방식의 1세대 캠리가 미국 시장에 등장했고, 10년 후 미국 중형차 시장을 평정했다.

미국에서 토요타의 발판을 마련한 차는 소형차 코롤라다. 코롤라는 1966년 일본의 국민차로 처음 등장했다. 이후 아홉 번의 모델 체인지를 거치면서 세계 140개국에서 단일 차종으로 3,800만 대 이상을 판매하는 기록을 세웠다. 자동차 역사상 최다 판매 모델이다. 미국에서는 대학생이나 사회 초년생이 구입하는 '생애 첫 차'로 유명하다. 성능과 스타일링 그리고 소형차를 넘어서는 안정성이라는 세 가지 균형을 잘 갖췄다. 가격은 2,000만 원대(미국에서 1만 8,000달러 전후)다. 이 정도 가격에서는 독일이나 미국 업체들이 경쟁력 있는 소형차를 만들지 못한다. 결국 1990년대까지 일본차의 독무대였고, 이후 현대차를 비롯한 한국차들이 일본차와 이 시장을 나눠먹었다.

1세대 코롤라가 나온 1966년의 개발 콘셉트는 '모든 사람이 가질 수 있는 차'다. 따라서 가격이 저렴하고 성능도 만족스러워야 했다. 당시 일본시장에서 경쟁 차는 닛산 서니로 엔진 배기량이 1000cc였다. 코롤라는 서니보다 배기량 100cc가 더 큰 1100cc 엔진을 달고 이를 세일즈 포인트로 내세우며 데뷔, 단숨에 일본 패밀리카 시대를 열었다. 1972년 2세대에는 스포티한 주행 성능을 내세운 코롤라 레빈이 눈길을 끌었다. 수중에 돈이 없는 젊은이들에게 저렴한 스포츠카로 각광을 받았다. 레빈은 정규 자동차 레이스에서 종종 우승을 차지하면서 코롤라의 성능에 대한 인식을 끌어 올렸다. 1983년 5세대 모델에는 당시 유행이던 전륜구동방식 코롤라가 나왔다. 후륜구동보다 넓은 실내공간이 매력이었다.

코롤라 개발 콘셉트를 보면 토요타의 보수적인 기질이 그대로 드러난다. 2011년, 한국에 처음 선보인 10세대 코롤라는 4단 자동변속기를 달았다. 현대차 아반떼가 6단 자동변속기를 단 것에 비하면 3, 4년 뒤지는 셈이다. 코롤라는 연간 80만대 이상 팔리는 차라 가격과 품질을 가장 우선시 한다. 6단 자동변속기를 달려면 그만큼 원가상승 요인이 발생한다. 10세대 모델이 등장한 2006년만 해도 소형차에는 4단 자동변속기면 충분했다. 토요타는 경쟁 업체에서 새로운 기술을 접목한 뒤 별다른 문제가 생기지 않는 것을 확인하고 장착했다. '돌다리를 두드리고도 건너지 않는다'는 토요타의 보수적인 스타일이 반영된 셈이다. 2만 달러 전후의 소형차를 찾는 고객이 원하는 차를 만든다는 콘셉트를 확실하게 지키고 있다.

토요타는 2013년 초 11세대 코롤라 모델을 공개했다. 2013년 9월 시판에 들어간 11세대 코롤라는 디자인이 기존 모델과 달리 무척 스포티하고 역동적이다. 상당 부분 현대차 아반떼의 공격적인 디자인을 의식한 듯하다. 내장도 무척 호화스럽다. 구형이라고 지적받던 4단 자동변속기를 6단으로 교체했다.

코롤라나 캠리가 판매에 대 성공을 거둔 공통점은 '가격 대비 가치가 높다'는 것이다. 10세대 코롤라의 4단 자동변속기처럼 원가를 높이는 신기술이나 전자장비를 함부로 채용하지 않는다. 디자인도 상대적으로 보수적이다. 눈길을 확 끄는 디자인보다는 넓은 실내공간에 주력해 어디선가 많이 본 듯한 느낌을 강조한다. 세계에서 가장 많이 팔리는 소형차와 중형차라는 개발 콘셉트를 절대 잃지 않는다는 것이다. 하지만 상황은 달라졌다. 한국의 현대기아차나 폭스바겐 등 경쟁 업체들이 중형, 소형차로 세를 확장하면서 이런 보수적인 토요타의 신차 개발 전략이 오히려 약점으로 부각됐다. 경쟁 업체들이 신기술을 앞다투어 채용하고 디자인 혁신을 강조하면서 판매에 호조를 보인 것이다.

특히 미국을 중심으로 20, 30대 젊은 층에서 토요타 하면 '운전의

1989년 메르세데스-벤츠를 벤치마킹해 만든 토요타의 고급 브랜드 렉서스. 사진은 2013년에 출시된 인기 차종인 ES370.

재미가 없다', '구린 디자인', '지극히 평범한 차'라는 이미지로 각인되어 가고 있다.

 2009년, 도요다 아키오 사장이 경영권을 맡고 가장 신경을 쓰는 부분이 바로 구린 디자인과 장년층이 타는 보수적인 차라는 이미지를 개선하는 것이다. 오죽하면 현대차의 혁신적인 디자인을 토요타가

그녀가 타고 떠난 그 차

벤치마킹했다는 소문이 사실로 확인됐을까.

캠리 성공에 이어 토요타는 1989년 메르세데스-벤츠를 벤치마킹한 고급 브랜드 '렉서스'를 출시했다. 렉서스는 독일 고급차 업체인 BMW, 메르세데스-벤츠, 아우디보다 동급 차량 가격을 20~30퍼센트 싸게 내놓으면서 '합리적인 가치'를 내걸었다. 독일차와 엇비슷한 성능에 탁월한 품질과 고급스런 인테리어, 어떤 소음도 들리지 않는다는 정숙성을 내세워 5년 만에 미국 고급차 1위에 오르면서 성공 신화를 이어갔다. 대중차로 시작해 고급차 시장까지 석권한 것이다. 하지만 렉서스는 미국 이외에 다른 지역에서는 독일 고급차에 밀리는 형세다.

렉서스 모델 가운데 가장 많이 팔리는 차는 ES다. 이 차는 캠리 차체를 기반으로 만들었다. 현대차가 쏘나타를 이용해 보다 고급스런 그랜저를 만든 것과 마찬가지다. 실내 인테리어가 독일 고급차 이상으로 럭셔리하다. 여기에 주행 성능은 캠리보다 더 쫀득(?)하고 편안하다. 정숙성은 동급 최강이다. 독일차는 퍼포먼스는 뛰어났지만 품질에서 만족을 주지 못했다. 렉서스는 이런 틈새를 파고들어 미국 고급차 시장을 단번에 빼앗았다.

토요타생산방식

130년 자동차 역사에서 생산 방식은 두 가지 뿐이다. 하나는 포드의 창업자 헨리 포드가 1910년대에 도입한 컨베이어 생산 시스템이다. 이 방식은 컨베이어 벨트 옆에 작업자들을 배치하고 지시한 공정표대로 부품을 하나씩 조립하는 것이다. 자동차 대량생산 방식의 시원始原으로 포드 생산 방식으로도 불린다.

그전까지 자동차 조립은 팀 단위로 차량 한 대씩 조립했다. 포드는 컨베이어 생산 시스템을 도입해 T형 자동차를 연간 100만 대씩 생산했다. 당시로는 가히 생산혁명이었다. 포드 생산 방식은 1950년대까지 모든 자동차 업체의 교본이었다. 문제는 생산성이었다. 대량생산에는 적합했지만 어떤 작업에서 불량품이 나오는지 알기 어려웠다. 또 공정표를 바꾸지 않으면 생산성이 올라가지 않는 단점이 드러났다. 기본적으로 밀어내기식 생산이기 때문이다. 불량은 소비자가 핸들을 잡은 뒤에나 드러났다.

토요타생산방식TPS은 여기에 착안했다. 공정을 가장 잘 아는 현장 작업자가 스스로 생산성을 개선하도록 한 것이다. 포드 생산 방식이 작업 속도를 올릴 수 있는 첨단 설비투자 중심의 하드웨어 개선이라면, TPS는 작업자의 창의력으로 생산성을 끌어올리는 소프트웨어 방식이라는 점이다. 인간의 자발적 개선 의지를 생산 방식에 접목한 것은 지극히 일본적 또는 동양적이라고 할 수 있다. TPS는 1970년대 후반부터 세계 자동차 업계의 표준생산방식으로 전파됐다. 독일 포르쉐는 1990년대 토요타 퇴직자를 불러들여 토요타생산방식을 모든 공장에 접목했다.

노사화합은 TPS의 근간이다. 노사관계가 나쁜 사업장에서는 자발적인 개선을 기대하기 힘들다. 종신고용 같은 고용 안정도 기본이다. 강성노조로 유명한 미국 자동차 업체들은 그래서 TPS를 도입하고도 재미를 보지 못했다.

토요타는 1937년, 도요다 기이치로豊田喜一郎가 설립했다. 그는 '일본의 에디슨'으로 불린 도요다 사키치라는 발명가이자 토요타 그룹

캠리 1세대.

캠리 2세대.

캠리 3세대.

캠리 4세대.

캠리 5세대.

캠리 6세대.

캠리 7세대.

의 창업자다. 사키치는 1924년 실타래가 꼬였을 때 자동으로 정지하는 자동직기를 발명해 큰 성공을 거뒀다. 당시 그는 "불량품을 만들어내고 있는 동안은 단순히 움직이고 있는 것일 뿐 일을 하는 것이 아니다"라는 유명한 말을 남겼다. 이러한 사키치의 발상은 자동차를 창업한 아들 기이치로에 그대로 전수됐다. 작업자 스스로 공정을 개선하는 TPS가 그것이다. 1980년대 토요타를 배우러 일본을 찾았던 GM 경영진은 "미국 근로자들은 시키는 대로 일하는 기계와 비슷하지만, 토요타 근로자들은 '어떻게 하면 잘 만들 수 있을까'를 끊임없이 고민한다"며 부러워했다.

처음 토요타 자동차는 삐걱댔다. 1930년대 말 중·일中·日 전쟁에 군수물자로 납품한 토요타 트럭은 고장이 잘 나기로 악명이 높았다. 당시 군인들이 트럭 운행 중 멈춰 서면 "이거 토요타 트럭 아냐?"라고 비아냥거릴 정도였다.

눈여겨볼 점은 1940년대 말까지 토요타의 생산성은 미국의 GM이나 포드의 10분의 1 수준이었다는 사실이다. 2차 세계대전 패전 직후인 1945년 8월 16일 기이치로 사장은 "3년 안에 포드를 따라잡자"는 구호를 내걸었다. 무모해 보이는 이 말에 호응한 이가 바로 'TPS의 아버지'라 일컬어지는 오노 다이이치大野耐一 부장이다. 그는 훗날 부사장까지 지냈다. 당시 모토마치 본사 공장의 현장 담당인 오노는 이렇게 말했다.

"미국과 똑같은 기계를 쓰는데 포드와 생산성 격차가 큰 걸 보면 기계 탓이 아닐 것이다. 그래서 생산의 균일화, 표준작업화, 조립 라인(레이아웃) 변경 같은 생산 시스템 개선에 주력해야 한다."

TPS는 이렇게 시작됐다.

하지만 요즘 토요타의 한계는 TPS라는 지적도 나온다. 세계 자동차 품질이 모두 월등하게 좋아진 상황이라 품질 이외에 마케팅이나 디자인 같은 새로운 전략이 중요해졌다는 이야기다. 토요타가 품질을 바탕으로 한 생산성 극대화로 세계 최강에 올랐지만 고급차에서 유럽 업체에 밀리는 것은 바로 이 때문이다. 오로지 품질 좋고 합리적인 가격을 찾는 과거 소비자에서 자신만의 개성을 중시하는 소비층이 점점 두터워지고 있다는 것이다. 토요타의 미래를 점칠 중대 관전 포인트다.

변화하는 토요타를 읽는 코드:
도요다 아키오 사장

2013년 5월 8일, 토요타는 일본에서 깜짝 실적을 내놨다. 연초부터 엔화 약세가 이어지면서 '1달러=100엔'에 근접할 때 토요타 자동차는 전년 회계연도(2012년 4월~2013년 3월) 실적을 발표했다. 도요다 아키오 토요타 사장은 "집념의 결과물이 나왔다"고 목소리에 힘을 줬다. 그리고 1조 3,209억 엔(약 14조 원)의 영업이익 수치를 발표했다. 모두가 깜짝 놀란 호성적이다. 도요다 사장은 이 실적을 불과 3개월 지속엔저 효과로만 설명하지 말라고 강조했다.

딱 4년 전 2009년 5월 8일. 토요타 자동차는 참담한 성적표를 내놨다. 2008회계연도(2008년 4월~2009년 3월)에 4,610억 엔(약 5조 원)의 적자를 냈다. 무리한 생산 확대에다 미국 발 금융위기(리먼 브러더스 사태)가 겹친 탓이었다. 토요타의 영업적자는 1937년 창업 이후 71년 만에 처음이라 충격이 더 컸다. 일본뿐 아니라 해외에서도 '토요타 신화'에 대한 의문이 쏟아지기 시작했다. 미국 언론은 '한국의 현대자동차가 차기 토요타'라는 평을 내놓기도 했다.

그렇다면 도요다 아키오 사장의 처방은 무엇일까. 무재고 생산방식인 '저스트 인 타임'이 여지없이 깨진 현장을 여기저기서 발견했다. 오로지 세계 1위를 위해 생산 확대의 중병에 걸린 토요타에 수술용 메스를 댔다. 불필요한 공정은 모두 없애고 100여 개에 달하는 차종을 수십 개로 줄였다. 신차마다 다르게 들어갔던 부품도 상당 부분 공통화해 비용을 절감했다. 토요타는 또 내실을 다지는 데 주력했다. 리먼 사태 이전 1조 5,000억 엔(2007년 기준)에 달했던 설비투자를 현재 8,000억 엔대까지 줄였다. 외형 확장은 중단하고 낭비를 찾아 생산성을 높인 것이다.

토요타의 가이젠 성과는 실적에서도 드러난다. 지난해 영업이익 1조 3,209억 엔 가운데 가이젠으로 인한 비용절감 효과가 4,500억 엔에 달한다는 것은 주목할 만한 포인트다. 엔화 가치 하락에 의한 환차익(1,500억 엔)보다 세 배가 많았다. 올해 실적은 더 좋을 전망이다.

나는 일본과 해외 모터쇼에서 아키오 사장과 여러 번 만났다. 수행원 서너 명을 거느리고 모터쇼 장에서 경쟁 차를 눈여겨보는 그에게 말을 걸면 짧게 즉답을 해줘 권위의식 같은 것을 별로 느끼지 못했다.

도요다 사장은 2009년 사장 취임 당시 전문경영인 사장에서 14년 만에 창업일가가 경영권을 맡아 전 세계 언론의 주목을 받았다. 2007년 그가 토요타의 판매총괄 부사장일 때 내부에서조차 '(도요다 창업일가의 우수한) 피는 시간이 지나면 흐려진다'는 비판까지 나오며 그의 경영 능력에 대해 의문을 달기도 했다. 이런 위기 속에서도 단 한 명의 정규직 종업원도 해고하지 않고 고용을 이어갔다. 일본

뿐 아니라 전 세계 공장에서 마찬가지였다. 유명 투자회사들은 이런 토요타의 고용 정책에 신용 강등의 엄포를 놨다. 하지만 도요다 사장은 꿈쩍하지 않았다. 토요타생산방식은 낭비를 줄이는 종업원의 아이디어에서 나온다고 굳게 믿고 고용 안정이 우선이라는 점을 여러 번 발표했다. 그 결과 토요타만의 방식으로 1조 엔이 넘는 영업이익을 내며 부활을 알린 것이다.

  이런 노력 끝에 지금은 길기만 했던 조립라인이 예전의 절반 수준으로 짧아졌다. 투입되는 비용이 준 것이다. 도요다 사장은 "리먼 사태 이전엔 한 조립라인에서 신차를 투입해 이익을 낼 수 있는 최소 생산 대수가 20만 대였는데, 지금은 10만 대로 줄었다"고 설명했다. 그만큼 원가 경쟁력이 높아졌는 이야기다.

도요다 사장은 직접 레이서로 자동차 경주에 참가한다. 그가 진두지휘해 개발한 렉서스의 슈퍼카 IS-F를 직접 몰고 프랑스 르망24시간 경주에 올해를 포함해 네 번이나 참가했다. 레이싱의 사고 위험을 걱정하는 측근들에게 그는 "재미난 자동차를 만들기 위해서다. 내 유일한 취미가 레이싱"이라고 못 박았다.

통상 도요다 창업 일가의 사장 주기는 10년 정도다. 아키오가 2020년까지 토요타를 이끈다고 보면 그의 임기 중에 적어도 재미없는 차는 별로 나오지 않을 것으로 보인다. 특히 고급차 브랜드인 렉서스와 하이브리드차의 변신이 주목된다. 탄탄한 주행 성능을 강조하는 독일차와 토요타의 정면승부는 규모에서 맞지 않는다. BMW, 메르세데스-벤츠, 아우디의 연간 판매는 각각 150만 대 정도다. 매년 1,000만 대를 파는 토요타가 이 가운데 10~20퍼센트를 정교한 핸들링과 스포티한 주행 감각으로 무장한 차를 개발해 내놓는다면 고급차 시장의 격동도 예상해볼 수 있다.

한국 **현대기아차**

18

'하면된다'로 일군
대한민국의 신화

세계로 도약하는 대한민국 명차의 자존심

2011년 하반기 나는 내로라하는 컨설팅 회사인 일본의 맥킨지 컨설턴트로부터 국제전화를 받았다. 요즘 잘나가는 현대차의 경쟁력을 분석하는 프로젝트의 일환으로 한국 전문가들을 인터뷰한다는 내용이었다. 토요타가 2010년 리콜 사태와 지난해 일본 대지진으로 주춤하는 사이, 현대차가 약진하며 생긴 엄청난 자동차 업계의 변화를 실감할 수 있었다.

2007~08년 일본에서 토요타생산방식을 공부할 때와는 영 딴판이다. 당시만 해도 일본 재계에서 한국에 대한 관심은 소니를 꺾은 세계 1위 IT기업 삼성전자뿐이었다. 현대차만 해도 일본 토요타와 견줄 상대는커녕 닛산, 혼다도 따라가기 벅찬 상대로 여겼다. 그런데 2009년 미국발 금융위기 여파로 미국 빅3(GM, 포드, 크라이슬러)가 잇따라 넘어지고 선진국 시장 규모가 30퍼센트 이상 쪼그라들었다. 2011년부터 유럽 재정위기로 잘 나가던 신흥 시장마저 주춤하는 요즘, 자동차 업

2013년에 새롭게 출시된 현대자동차의 대표 SUV 싼타페. 독일차에 뒤지지 않는 디자인이다.

계를 표현한다면 '강한 자가 살아남는 것이 아니라 살아남는 자가 강한 자'라는 말이 딱 맞을 듯하다. 현대차는 이런 어려움 속에 글로벌 빅5로 올라서면서 강한 자가 됐다.

기자로서 자동차 담당을 10년 넘게 하는 동안 서울 양재동 현대기아차 본사는 집과 같은 곳이 되었다. 적어도 일주일에 서너 번은 꼭 들렀다. 지금이나 예전이나 항상 갈 때마다 활기가 느껴진다. 직원들은 언제나 심각한 표정으로 바쁘게 종종걸음이다. 일본 토요타 공장에서 작업자들이 숨 가쁘게 일손을 놀리는 것과 비슷한 분위기다. 하지만 침묵 속에 주어진 일만 하는 토요타 사무실과 대조적이다.

대신 지금까지 수십 번 찾은 현대차 공장은 여유가 넘쳐난다. 수년째 같은 차를 생산하면서도 작업자 수는 '전과 동同'이다. 때로는 신문을 보기도 하고 여름에는 아이스바를 먹고 라인에서 잡담을 나누는 것도 다반사다. 토요타는 한 달에 한 번씩 판매량과 공정 숙련도에 따라 작업자 수를 줄여 새로운 신차 라인에 투입하는 이른바 전환배치를 한다. 현대차 조립라인에 여유가 있는 것은 인력 투입에 노조가 권한을 갖고 있어 사실상 전환배치가 불가능해서다. 현대차의 어떤 공장장(사장 또는 부회장급)도 여태껏 전환배치를 해결하지 못하고 그만두곤 했다.

현대차의 시작은 1960년대 박정희 전 대통령의 경제개발 5개년 계획과 맞물려 있다. 일본의 경제 부흥을 벤치마킹해 만든 경제개발 5개년 계획은 경공업에서 석유화학, 자동차, 조선으로 이어지는 중화학공업 육성이었다. 이런 계획을 뒷받침하기 위해 경부고속도로를 비롯한 기간산업 투자가 활성화되었다. 도로망의 확충과 물동량의 증가는 자동차 산업의 태동을 가능하게 한 요소였다.

1967년, 정주영 현대건설 회장은 현대자동차를 설립했다. 이미 1950년대 미군 트럭을 고치던 정비공장을 운영해 자동차 산업에 대한 감은 누구보다 탁월했다. 현대차는 처음에는 정 회장의 동생이자 '포니 정'으로 유명한 정세영 씨가 맡았다.

포드와 기술을 제휴하고 이듬해 중형 세단 코티나를 조립생산CKD 했다. 1970년대 초, 한국 자동차 시장의 가능성을 본 포드와 미쓰비시는 현대차에 지분 참여를 제의했다. 하지만 정 회장은 일언지하에 거절했다. 합작을 하면 기술자립이 어려울 뿐 아니라 해외수출 길이 막힌다고 봤기 때문이다. 기막힌 안목이었다. 그러자 포드는 현대차의 기술 제휴를 단절했다. 설립부터 정 회장의 집념은 기술 자립을 통한 독자 브랜드 수출이었다. 내수만으로 글로벌 메이커로 성장하기 어렵다고 본 것이다. 일본에서 토요타, 닛산에 밀린 미쓰비시는 합작 제안이 거절당하자 현대차에 건건이 로열티를 받고 기술을 이전했다. 1990년대 초까지 약 18년간 현대차의 영업이익이 1,000억 원 수준일 때 매년 로열티만 500억 원이 나갔을 정도다.

비슷한 시기에 말레이시아 정부도 미쓰비시와 합작한 프로톤 자동차를 설립하여 주력 사업으로 육성했다. 첫걸음은 자원이 풍부한 말레이시아가 앞섰다. 하지만 결과는 현대차의 압승이었다. 프로톤은 여전히 독자 기술이 없어 미쓰비시의 차체를 이용해 신차를 개발할 뿐 수출시장에 나서지 못하는 군소업체에 그쳤다. 기술자립이 성패를 가른 셈이다.

현대차의 기술 독립 의지는 1976년 2월 독자 모델 '포니'로 결실을 맺는다. 독립이 아닌 독자 모델의 의미는 엔진과 차체는 미쓰비시 것을 썼지만 디자인은 이탈리아 조르제토 주지아로가, 차체 설계는 현대차가 맡았다. 미쓰비시의 간섭 없이 수출의 길이 열린 셈이다. 포니는 그해 7월 에콰도르에 수출되면서 국산 첫 수출차로 기록됐다.

나는 현대차의 발전을 기술 구축 5단계로 분석한다. 1970년는 포드·미쓰비시로부터 기술 습득, 1980년대는 모방模倣, 1990년대는 기술 독립, 2000년대 초중반은 기술 혁신, 그리고 2010년대는 기술의 해외 이전이다.

이처럼 기술 습득부터 독립, 이전을 동시대(약 30~40년)에 구축한 경우는 세계적으로도 유례가 없다. 현대차에 재직하거나 퇴직한 60세 전후를 보자. 1970년대 중반 입사해 미쓰비시로부터 기술을 배워 모

1세대 쏘나타.

2세대 쏘나타.

3세대 쏘나타.

4세대 쏘나타 EF.

5대 쏘나타 NF.

6세대 쏘나타 YF.

방 차를 만들었다. 이어 기술 자립해 수출에 나서고 기술 혁신을 통해 해외 이전까지 했다. 이 모든 노하우가 한 사람의 기록에 녹아든 것이다. 이런 압축성장이 전 세계에서 신화를 만들어내는 현대차만의 '빨리빨리 스피드 경영'의 저력이 된 것이다.

기술 자립의 방점은 1996년 10월 아시아 최대 규모의 남양중앙연구소 준공이다. 현대차는 탄탄한 기술 기반 위에 2000년대 기술 혁신에 나서 엔진을 수출하고 해외 생산기지에 박차를 가한다.

현대기아차는 2001년 이후 해외 생산기지 확충에 나섰다. 2014년 상반기면 러시아와 브라질 공장을 포함해 해외에 연산 400만 대의 생산기지를 확보하게 된다. 120년 자동차 역사상 가장 단기간에 400만 대가 넘는 해외 생산기지를 구축한 자동차 업체가 되는 것이다. 국내와 합치면 760만 대로 토요타, GM, 폭스바겐에 이어 세계 4위권으로 발돋움한다.

하지만 약점도 곳곳에 도사리고 있다. 첫째는 대립적인 노사관계다. 1998년, 외환위기 여파로 현대차는 국내 대기업 가운데 처음으로 당시 1만여 명이 희망퇴직했고 1,700여 명이 정리해고법에 의해 해고됐다. 이 불씨가 지금까지 공장에 이어지고 있다. 회사가 어려워지면 해고할 것이라는 분위기다. 그래서 있을 때 많이 받아 챙기자는 식의 임금협상 관행이 15년째 이어지고 있다.

현대차의 글로벌 재도약의 밑거름은 1999년 기아차 인수다. 기아는 현대차의 차체와 엔진을 모두 공유하면서 디자인으로만 차별화했다. 현대의 빈틈을 받치는 서브 브랜드로 연산 282만 대(2013년 기준)를

현대자동차는 1999년 기아자동차를 인수하면서 글로벌 기업으로 재도약했다. 사진은 기아의 K9.

더해줘 규모의 경제 효과를 일궈냈다. 요즘 현대기아차가 반기 영업 이익 5조 원이 넘게 나는 것은 네 개의 차체(경형, 중소형, 중형, 대형)로 무려 50여 개 모델을 생산해내는 차체 공유화에 있다. 예를 들어 아반떼 차체 하나로 소형차 엑센트·프라이드 세단 및 해치백, SUV인 투싼과 스포티지, CUV인 쏘울과 벨로스터 등 10여 개 모델을 생산한다. 마찬가지로 대형 제네시스 차체로 에쿠스와 K9을 만든다. 폭스바겐 그룹처럼 단 네 개의 차체로 길이와 폭을 자유자재로 늘이고 줄여 쓰임새를 바꾼 다양한 차를 만들어내는 것이다. 수천억 원 들어가는 개발비도 줄이고 신차 개발 기간도 단축하는 일거양득인 셈이다.

현대기아차는 명차 도전에도 나섰다. 2008년 선보인 첫 후륜구동 세단 제네시스다. 현대차는 제네시스를 BMW와 벤츠의 반열에 올려놓겠다는 중장대 비전 속에 개발했다. 제네시스는 2009년 국산차로는 처음으로 '미국 올해의 차'에 선정됐다.

현대차의 재도약은 1998년 정주영 명예회장의 장남인 정몽구 회장의 등장으로 시작된다. 정 회장은 현대차를 맡자마자 그동안 문제점으로 지적됐던 품질 개선에 혁신을 일궈냈다. 수시로 현장을 찾아 문제가 생기면 공장장을 갈아치웠다. 울산과 아산 공장의 공장장이 1년을 넘기기 어려울 정도였다. 그 결과 품질은 급속도로 개선됐고, 즉각 미국시장에서 효과가 나타났다. 정 회장은 이어 미국시장 타개책으로 준비했던 '10년-10만 마일' 무상보증(워런티)을 발표했다.

현대기아차가 글로벌 경제위기 속에서 독보적인 실적을 내는 데는 선진 시장인 미국과 유럽 이외에 떠오르는 신흥 시장인 중국, 인도, 러시아에서 강세를 보인 데 있다. 일본 빅3(토요타, 닛산, 혼다)가 품질 경쟁력을 내세워 선진 시장에 주력했다가 글로벌 경제위기와 같이 휘청한 것과 대조된다. 현대기아차는 중국(합계 10%), 인도(현대차 21%)에서는 이미 톱3에 진입한 상태다.

2000년 초만 해도 현대기아차에 대한 이미지는 싼 가격에 타는 '저가형 차' 정도였다. 일본 요코하마국립대 조두섭 교수(경영)는 "1970년대 미쓰비시 자동차에게 기술을 배웠던 현대차가 불과 40년 만에 세계 최대 규모의 해외 생산기지를 구축한 것은 자동차뿐 아니라 다른 산업사에서도 찾아보기 어려운 대단한 업적"이라고 평가했다.

실제로 현대차와 기아차의 주력 차종들은 세계 곳곳을 누비는 명

2008년 출시된 제네시스는 'HYUNDAI' 브랜드를 BMW와 벤츠의 반열에 올려놓겠다는 중장대 비전 속에 개발된 자동차다.

차 반열에 이름을 올리고 있다. 세계가 인정하는 품질과 철저한 사후관리로 국내외 평가가 좋다. 이로 인해 세계 자동차 업계의 지도가 바뀌고 있다. 기존의 거대 공룡 자동차 기업들의 위기는 자동차 시장의 경쟁구도의 변혁을 불러왔다.

현대차가 글로벌 경제위기 속에서 빼어난 실적을 낸 이유는 빠른 의사결정과 선제적 대응 덕분이다. 현대차는 2009년 초, 미국 자동차 시장이 급감하자 신차를 구매한 이후 퇴직할 경우 차량을 되사주는 실직자 보상(어슈어런스) 프로그램을 내놨다. 아울러 미국 빅3가 경영 위기로 광고를 줄이는 사이, 시청률이 가장 높은 슈퍼볼 경기에 TV

광고를 내보내며 인지도를 높였다. 그 결과 '마魔의 벽'으로 여겨지던 미국 내 연간 50만 대 판매를 달성했다.

아울러 정 회장의 공격적인 판단도 주효했다. "판매 침체로 재고가 쌓이면 부품업체까지 줄도산할 수 있다"며 전 세계 시장에서 인센티브를 늘려 무조건 재고 차량을 소진하라는 특명을 내렸다. 일본 업체들이 판매 급감에 엔고円高까지 겹쳐 우왕좌왕하는 사이 현대차는 공격적인 마케팅 및 판매 전략을 연이어 내놓으면서 재고를 털고 신차를 공격적으로 내놓는 선순환 구조를 만들었다. 여기에 한국 정부가 노후차 구입 세제 혜택을 주면서 현대차를 도운 것도 큰 힘이 됐다.

2013년 12월, 현대차는 프리미엄 브랜드로 도약하기 위해 2세대 제네시스를 출시했다. 소위 잘나가는 수입차 3인방 'BMW 5시리즈, 벤츠 E클래스, 아우디 A6'를 잡기 위해서다.

신형 제네시스는 첨단장비로 무장하고 세계 최고 수준의 고장력 강판을 내세웠다. 성능이나 디자인, 어떤 것을 경쟁 수입차와 견줘봐도 뒤질 게 없다. 아쉬운 점은 '현대차다운' 것이 빠졌다는 점이다. BMW, 벤츠 같거나 흉내를 냈다는 점이다. 세계 4위 업체로서 현대만의 것을 고집하는 유전자가 보이지 않는다. '현대다운' DNA가 없이 프리미엄 시장의 강자가 될 수는 없다.

대한민국 자동차 산업의
신화를 일군 주역, 정몽구

    현대자동차의 영광은 창업자 정주영 회장의 장남인 정몽구 현대·기아차 회장 때 꽃을 피웠다. 정 회장은 손이 정말 크고 두텁다. 악수를 여러 번 해봤지만 그때마다 위압감을 느낄 정도였다. 그가 현대차를 맡고 승승장구한 데는 경영 능력 이외에 미래를 내다보는 선견지명이 적중한 경우가 많았다. 운도 많이 따른 셈이다. 기자는 정 회장과 출국 직전 공항에서 인터뷰를 하는 등 지금까지 10여 차례 넘게 대화를 나눴다.

    정 회장은 1980, 90년대 현대정공과 현대차서비스를 경영하며 자동차 공부를 했다. 특히 서비스를 담당하면서 현대차의 품질 문제를 누구보다 정확히 파악했다. 출고한 지 석 달도 안된 멀쩡한 신차가 사소한 결함으로 공장에 들어오게 돼 잔뜩 화가 난 소비자의 거친 불만도 지켜봤다.

    현대정공은 1990년대 초 미쓰비시 기술 제휴로 갤로퍼(미쓰비시 파제로)와 싼타모를 생산했다. 당시 미쓰비시는 로열티 이외에 기술지도 명목으로 매년 수십억 원을 가져갔다. 겨우 적자를 면하던 시절, 피땀 같은 현금을 뜯기며 기술이 없는 설움을 톡톡히 경험했다. 품질·기술이 있어야 이익을 낼 수 있다는 것을 체득한 셈이다.

1998년 현대차 회장으로 부임하면서 가장 먼저 손을 댄 것이 품질이다. 수시로 울산·아산공장을 방문해 도어·보닛을 거세게 닫아 봤다. 이런 과정에서 나사가 튀어나오거나 조립 틈새가 보이면 공장장들은 그 자리에서 목이 달아났다. 현대차의 공장장(부사장급 이상) 가운데 1년도 안돼 잘린 경우가 수두룩했다. 아울러 한 달에 두 번씩 열리는 품질회의에서 품질을 구매·재경·판매 등을 전사 책임으로 만들었다. 사소한 원인이라도 추적해 수시로 본부장 옷을 벗겼다. 조직에 절로 긴장감이 돌았다.

퇴직한 전직 사장은 "임원이 되면 언제 잘릴지 몰라 오전 6시에 출근해 업무를 챙기다 보면 하루가 후딱 지나갔다. 22층(회장실)에서 호출이 오면 잘릴 것을 각오하고 엘리베이터를 탔다. 이런 긴장감이 품질 문제를 해결했다"고 말했다.

그 결과 2001년 바닥권이었던 미국 자동차조사업체 JD파워의 신차품질 성적이 쑥 올라갔다. 2009년에는 일반브랜드 순위에서 도요타를 제치고 정상급으로 도약했다.

품질 이외에 현대차그룹에서 가장 두려운 말이 '양재동에 태양이 두 개'라는 것이다. 사장단 가운데 언론에 좋은 칭찬이 나온 후 얼마 있다가 해고된 경우가 여럿이다. 한 눈 팔지 말고 업무만 잘 하라는 주문이었다.

정 회장은 임원들에게 '해가 지지 않는 나라' 19세기 대영제국 이야기를 자주 한다. 그의 꿈이 바로 '해가 지지 않는 왕국(생산기지)' 건

설이다. 2000년 이후 그의 머릿속에는 늘 해외 진출로 가득하다. 2014년이면 러시아·브라질 공장과 현대·기아 중국 3공장을 포함해 8개국에 연산 450만 대의 생산기지를 확보하게 된다.

정 회장은 예나 지금이나 오전 6시 반에 출근한다. 토요일도 빠짐없이 나온다. 현대제철 고로를 짓고 있던 2010년에는 토요일 헬기를 타고 당진 현장을 20여 차례나 다녀오곤 했다. 현안이 있으면 새벽 5시에도 부회장이나 사장에게 직접 전화를 건다. 업무 보고 도중 프로젝터 전등이 꺼지거나 공장에서 자동차 보닛을 잘 열지 못한 임원은 즉각 해임하는 등 연중 불시不時 인사를 단행한다. 그러다 보니 현대차 간부들은 늦어도 7시 전에 출근해야 한다. 전무급 이상은 통상 6시 20분까지는 출근해 회장이 찾으면 즉각 보고를 해야 할 정도다. 2011년 하반기 토요일 출근을 자제하라는 지시가 있었지만 6개월 만에 사라졌다. 이런 긴장감이 현대차식 스피드 경영과 '하면 된다'라는 공격적인 기업 문화를 만든 배경이다. 하지만 스피드 경영의 이면에는 허위보고도 많다. 어차피 잘못을 보고해 잘릴 바에야 허위보고로 위기를 넘기고 나중에 발각될 때 '다니고 보자'는 식이다.

일본 **혼다**

19

아름다운 실패, 기술로 승부한 명가의 재건

실패는 아름답다

혼다는 재미있는 회사다. 매출 100조 원이 넘는 대기업이지만 벤처 기업에 가깝다. 이 회사에서는 아직도 기술 개발이 가장 큰 경쟁요소다. 회사 창립 60년이 넘었지만 창업자의 정신이 그대로 이어져 내려오고 있으며, 직원이 전 세계 100개국에서 10만 명이 넘는데도 상대적으로 관료화와는 거리가 멀다.

은퇴한 혼다 중역 가운데는 1960년대 입사 면접에서 "혼다에서 UFO를 만들겠다"는 포부를 밝혀 합격한 사람이 있다. 혼다는 아직 UFO까지는 못 만들었지만 모빌리티 컴퍼니에서 세계 최초의 직립보행 로봇과 첨단 제트기까지 자체 기술로 개발해냈다. 특히 차세대 산업으로 주목받는 로봇의 경우에는 인간 노동을 대체하는 수준을 목표로 맹렬히 나아가고 있다.

포드, 토요타, 현대차와 마찬가지로 혼다도 창업자인 혼다 소이치로本田宗一郞(906~1991년)를 빼놓고 이야기할 수 없다. 혼다 소이치로는 세상을 떠난 지 20년이 넘었지만 매년 일본 언론사에서 뽑는 '존경하는 경영자' 부문에서 파나소닉 창업자인 마쓰시타 고노스케와 1, 2위를 다툴 정도로 인기가 높다. 특히 2011년 일본 대지진 이후 침체된 일본 경제에서 혼다 소이치로의 창업 정신은 한층 더 높은 평가를 받고 있다. 그 이유는 그만의 경영철학에 있다.

1971년, 그는 65세의 나이에 혼다에서 은퇴를 하면서 대부분의 주식을 회사에 환원하고 동생과 아들 같은 친족을 모두 퇴진시켰다. 단지 1퍼센트의 주식만 부인에게 남겨줬을 뿐이다. 이후 회사 어디에서도 '혼다'라는 성을 쓰는 사람을 찾아볼 수 없게 됐다.

다음은 그가 만든 사장 승계(지배구조)의 전통이다. 우선 사장은 모두 이공계(연구소) 출신이다. 사규에는 없는 소이치로가 만든 전통으로 현재 7대 사장까지 모두 이공계 출신이었으며 다음번도 마찬가지일 것이다. 그의 정규학력이 초등학교뿐이라 그런지 혼다에서는 학력 차별도 없다. 대학원 졸업이든 고졸이든 같은 임금체계에서 시작한다. 2002년에는 일본 최고 명문 도쿄대를 나와 기획실에서 일하던 간부가 '현장이 좋다'면서 스즈카 공장 조립라인으로 전근을 가 화제가 되기도 했다.

소이치로가 전승한 혼다의 유전자는 '꿈, 도전, 기술'이라는 세 가지 단어로 정리할 수 있다. 그는 "실수를 저지르지 않는 사람은 그저 위에서 시키는 대로 일하는 사람이다. 그런 사람은 혼다에 필요치 않다"라고 말할 정도로 도전정신을 중시했다. 혼다는 실패를 용인하는 수준을 넘어 실패를 '장려'할 만큼 도전정신을 중시한다. 아예 실패

장려금까지 있을 정도로 혼다의 기업문화는 도전 지향적이다. 그 덕분에 무수한 세계 최초를 만들 수 있었다.

회사 이름에서도 기술을 중시하는 문화가 드러난다. 영문 이름은 '혼다 모터 컴퍼니 Honda Motor Co.'지만 일본에서는 창업 당시 이름인 혼다기켄코교 本田技硏工業를 그대로 쓰고 있다.

소이치로는 '하나의 차체에 하나의 엔진'을 고집했다. 그래야 그 차의 특성을 그대로 보여줄 수 있다는 판단에서였다. 요즘에는 수천억 원이 투입되는 신차 개발비를 줄이기 위해 소형차 차체로 세단부터 SUV, 중형차까지 생산한다. 이런 플랫폼 공용화 추세에는 맞지 않지만 개발하는 신차마다 그 차에 맞는 특성을 지녀야 한다는 소이치로의 철학은 새삼 그가 Car Guy임을 느끼게 한다.

일본인이 가장 존경하는 기업인, 혼다 소이치로

소이치로의 인생은 한마디로 꿈에 대한 도전이었다. 창업 당시부터 세계 최고의 자동차를 목표로 삼았으며 그 꿈을 이뤘다. 그는 대기업의 창업자이면서도 엔진 설계의 1인자로 일선에서 은퇴하기 전까지 결코 현장을 떠나지 않고 직원들과 함께 동고동락했다. 그는 불가능이란 말이 나오면 스패너나 자로 직원들을 때리기까지 하면서 난관을 돌파하는 인물이었다. 그의 이런 열정과 솔선수범 정신은 지금까지도 혼다의 사풍 속에 남아, 오너가 없어도 회사를 돌아가게 하

2013년에 출시한 혼다의 대표 컴팩트 SUV, CR-V.

는 밑거름이 되고 있다.

1952년, 소이치로는 자본금이 고작 600만 엔이던 시절에 자동차 사업을 위해 무려 4억 5,000만 엔짜리 정밀기계를 도입하기로 결정했다. 회사의 경영 사정이 말도 못하게 어렵던 시절에 기술과 품질로 위기를 돌파하겠다는 결정을 내렸던 것이다.

소이치로는 저승길조차 독특했다. "자동차를 만들고 있는 내가 거창한 장례식을 치러 어리석게도 교통정체를 일으키는 일은 피하고 싶다"라고 말하면서 장례식에는 혼다 사장들만 참가하도록 했다. 심지어 재계 인사들이 보낸 화환마저 돌려보낼 정도였다.

혼다가 연매출 100조 원을 넘기는 글로벌 기업으로 우뚝 선 데는 소이치로라는 기술자와 더불어 후지사와 다케오 부사장이라는 관리통이 황금 콤비가 되었기 때문이다. 자전거 수리점에서 시작해 1948년 오토바이 제조사인 혼다를 창업한 소이치로는 1950년대 자동차 사업을 준비하면서 경영자를 찾았다. 그리고 당시 GM재팬 부장이던 후지사와를 삼고초려 끝에 "(자동차 사업의) 꿈을 이룰 수 있도록 도와 달라"며 영입했다. 이후 소이치로는 엔진 개발에만 매달릴 뿐 재무 및 인사는 후지사와에게 모두 위임했다. 지금도 혼다는 연구소 출신이 사장을 맡아 신차 개발과 미래 전략을 맡는다. 부사장은 후지사와처럼 관리를 책임지며 혼다를 이끈다.

혼다와 토요타

혼다는 (토요타에 비해) 작지만 강하다. 기본기에 충실해 '잘 달리는 차' 개발이 창업 이래 지금까지 이어지고 있다. 그래서 후륜구동처럼 자동차를 가로지르는 축(프로펠러 샤프트)이 없어 원가가 저렴한 전륜구동만을 고집해왔다. (NSX 같은 일부 경주차만 후륜구동이다.) 또 3.5L 6기통 이상 엔진은 대중차에 필요 없다며 만들지 않았다. 이런 고집 때문에 '혼다는 전륜구동 교과서'라는 말이 나온다. 대신 자동차 레이스의 최고봉인 포뮬러1(F1)에는 토요타보다 먼저 참가해 여러 차례 우승을 하며 '엔진의 혼다'라는 닉네임을 얻었다.

2008년, 금융위기가 오자 혼다는 자신만의 색깔로 위기를 넘겼다. 특기인 소형차에 집중하고 매년 수천억 원이 들어가는 F1에서 즉각 철수했다. 오너가 없어 의사결정이 늦은 여느 일본 기업과 달리 혼다는 어떤 자동차 업체보다 빠른 의사결정으로 위기 때 전 세계 자동차 업체 중 최고의 이익을 냈다.

저렴한 소형 스포츠카로 잘 달릴 수 있다는 걸 보여준 S600.

한국에서 혼다의 입지는 아직 크지 않다. 2008년 수입차 1위를 기록한 이후 엔화 강세 등의 여파가 이어지면서 다음 해 6등으로 내려앉았고, 판매 감소에 따른 딜러 이탈까지 이어지며 제 위치를 찾지 못하고 있다. 아직 혼다의 유전자가 한국에는 다소 부족한 모양새다.

'토요타는 일본의 오늘이고 혼다는 일본의 미래다'라는 말이 있다. 아시아 최초로 경주 전용 레이싱 서킷을 만들었고, 자동차 생산 2년 만에 포뮬러 1에 출전하여 우승까지 했다. 세계 최초의 2족 직립보행 로봇 아시모를 만들었으며, 자체기술로 제트기까지 개발했다. 차세대 자동차인 하이브리드 자동차에서도 토요타와 경쟁하고 있다.

혼다는 이른바 '1등 기업'이 아니다. 매출과 순이익으로 따져 보면 그렇다. 그러나 혼다는 늘 놀라운 도전정신으로 세계를 놀라게 했다. 1959년 세계 최고 권위의 오토바이 레이스인 만도 TT 레이스에 출전한 뒤 3년 만인 1961년 1등에서 5등까지를 휩쓸어버렸다. 1965년에는 포뮬러1 레이스에서 우승을 차지했다. 첫 번째 소형차인 S500이 양산에 들어간 지 2년밖에 안 된 시점이었다. 혼다 소이치로는 우승 소감을 묻는 기자들에게 이렇게 대답했다.

"우리의 목표는 '제일 곤란한 길'을 골라서 걷는 것이다. 승부의 결과 따위는 우리의 관심사가 아니다. 우리는 오로지 결과를 분석해서 품질을 높이고, 좀 더 안전한 자동차를 고객에게 선보일 것이다. 혼다는 더 나은 신차를 만들기 위해 그랑프리 대회에 출전한 것이다."

토요타는 신차를 개발하면서 혼다를 벤치마킹한다. 혼다가 신기술로 치고 나오면, 토요타는 그것을 6개월 안에 모방하고 개선하여 막강한 영업력으로 시장을 장악한다. 개척자와 지배자, 그것이 혼다와 토요타를 대변하는 단어라고 할 수 있다. 미국시장 진출에서도 혼다가 먼저 깃발을 꽂고 성공하자 토요타는 치밀한 준비를 거쳐 혼다를 따라잡았다.

지배구조의 차이도 크다. 토요타는 도요다 가문의 지배를 받는다고 해도 과언이 아니다. 도요다 가문의 지분은 고작 4퍼센트이지만 그들의 권력은 막강하다. 반면 혼다는 사장이 모든 것을 책임지는 지배구조를 갖고 있다. 창업주 일가는 경영에서 배제된 지 오래고, 실질적인 오너도 없다. 하지만 '혼다이즘'이라는 독특한 이념으로 전 회사가 똘똘 뭉쳐 돌아간다.

대중과 함께한 혼다의 대표 차

혼다의 대표적인 차는 중형 세단 어코드와 준중형 시빅이다. 여기에 공전의 히트를 기록한 미니밴 오딧세이, 컴팩트 SUV인 CR-V도 있다. 어코드는 2007년까지 세계 최대 자동차 시장이었던 미국에서 생산된 최초의 일본차다. 1976년에 출시된 이래 8세대 신차가 나오는 36년의 세월 동안 160개국에서 1,600만 대 이상 판매됐다. 토요타 캠리에 이어 중형차 판매로 세계 2위다.

1세대는 1976년에 나온 4도어 살롱의 해치백이다. 미국의 배기규제법인 머스키법을 처음 통과한 CVCC 엔진을 달았다. 그해 미국에서 '올해의 차'로 선정되기도 했다. 2세대는 1981년에 등장했다. 혼다의 컴팩트카 노하우가 집약된 모델이다. 미국 최고의 베스트셀링카, 유럽 '올해의 차'로 선정되면서 어코드가 미국의 대중차로 인정받는 계기가 됐다. 1985년에는 스포티하고 다이내믹한 스타일을 적용한 3세대 어코드가 단점이었던 실내공간을 넓혀 출시됐다. 그러나 판매에서는 캠리에 밀려, 혼다의 전성기가 끝났다는 평가까지 나왔다.

1989년, 위기 속에서 4세대 어코드가 등장했다. 세련된 스타일과 간결한 실내공간을 앞세운 4세대 어코드는 1989~91년까지 미국 넘버원 셀링 승용차에 오르면서 캠리와 접전을 벌였다. 1993년에 나온 5세대는 세계 톱클래스 수준의 안전기준과 배기가스 절감을 실현한 모델이다. 1993~94년 일본 '올해의 차', 1994~95 '미국 10대 베스트 카'로 선정됐다. 1997년 나온 6세대는 주행성능에 주안점을 뒀

1976년에 출시된 어코드 1세대는 미국의 '올해의 차'에 선정되기도 했다. 사진은 2012년에 출시된 9세대 어코드.

다. 왜건과 쿠페를 내놓으면서 어코드가 가지치기 모델로도 가능성이 있다는 것을 확인시켜줬다. 2002년에 출시된 7세대 어코드는 처음으로 연비와 출력을 높인 DOHC i-VTEC 엔진을 달았다.

  2008년에 출시된 8세대 어코드는 전 세대 대비 강화된 성능의 3.5L와 2.4L 엔진이 장착했다. 하지만 경쟁 모델인 현대 쏘나타에게 시장을 내주면서 가까스로 캠리에 이은 2위에 만족해야 했다. 혼다가 추

구하는 평범한 디자인이 개성 있는 디자인으로 탈바꿈한 쏘나타에 뒤진다는 평가였다. 이런 지적을 의식해서인지 혼다는 2012년 말 확 바꾼 9세대 어코드를 출시했다. 우선 디자인이 모던해졌다. 연비가 10퍼센트 이상 개선된 데다 달리는 맛도 더 쫀득해졌다.

준중형 시빅은 미국에서 대학생이나 직장 초년생들이 가장 선호하는 대중차다. 1만 5,000~2만 달러의 가격대로 토요타 코롤라, 현대

혼다의 대표 준중형 시빅은 미국의 대학생과 직장 초년생들이 가장 선호하는 자동차다.
사진은 2011년에 출시된 8세대 시빅.

아반떼와 경쟁하는 차다. 첫 모델은 1972년에 출시되어 전륜구동 해치백이라는 새로운 시장을 만들어냈다. 이후 여덟 번의 모델 체인지를 거치면서 세계적인 준중형차가 됐다. 탁월한 연비에 뛰어난 코너링과 '기름만 부어주면 달린다'는 내구성과 품질에서 동급 준중형차를 압도했다.

하지만 2011년에 나온 8세대 시빅은 위기감이 엿보였다. 탄탄한 주

행 성능은 그대로였지만 요즘 소비자들이 좋아하는 고급스러운 인테리어에서 소비자의 눈높이를 맞추지 못했기 때문이다. 비용절감의 압박에서 자유로울 수 없었다. 2008년 리먼 쇼크로 미국 판매가 곤두박질하고 이어 엔화가치 강세라는 압박 속에서 손대지 말아야 할 연구개발 영역에서도 비용을 대폭 줄이면서 '혼다차다움'을 잃었기 때문이라는 지적도 만만찮다.

시빅은 현대차 아반떼에 쫓기는 모양새다. 같은 시기 미국시장에 투입된 아반떼의 연비가 고속주행 기준 갤런당 40마일로 신형 시빅의 39마일을 웃돌았다. 시판 가격도 아반떼가 1만 4,945달러인데 비해 신형 시빅은 1만 5,605달러로 660달러나 비쌌다. 더구나 상품성에 대해서는 혼다차 내부에서도 아반떼의 내장 등 질감이 시빅보다 2,000달러 정도 높다는 평가를 내놓았다.

2011년 8월 초에는 미국 소비자단체 전문지인 《컨슈머 리포트》가 실시한 제품 평가에서 신형 시빅이 소형 세단 부문 12개 차종 중 11위에 그쳤다는 충격적인 결과를 발표, 혼다차를 아연실색케 했다. 그래서인지 혼다의 이토 사장은 2011년 11월 한국을 방문해 기자와 만난 자리에서 "시빅의 인테리어가 아반떼에 뒤진다는 점에 대해 수긍한다. 비용절감 때문에 소비자의 눈높이를 맞추지 못한 결과다. 반성하며 받아들인다. 기본으로 돌아가 혼다의 신차 개발 체질을 개선하겠다"라고 말했다.

그리고 이토 사장은 이런 문제점을 해결했다. 2013년에 새롭게 선보인 시빅이 그것이다. 문제점을 알고 재빨리 고칠 수 있다는 게 혼다가 지닌 강점이다. 그래서 혼다는 가격 대비 가치가 높은 차다. 경쟁차에 비해 디자인이 투박하지만 '잘 달리고, 잘 돌고, 잘 서는' 기본기에 충실하다. 10년을 타도 한결같은 내구성도 동급 차량 중에 최고 수준이다. 한마디로 화려한 것보다 잘달리는 차를 좋아하는 중산층에 딱 맞는 차가 혼다다.

혼다의 살아 있는 혼,
혼다 소이치로

1946년 혼다 소이치로는 "세상을 위해 그리고 사람을 위해 우리가 기여할 수 있는 것이 무엇일까"라는 큰 꿈을 품고 과감한 도전에 나섰다.

군용 대형 무전기에 달린 소형 엔진을 개조해 자전거에 보조엔진 삼아 부착한 오토바이가 현재 글로벌 기업 혼다의 시초였다. 당시 일본 회사들은 외국회사와 합작으로 자동차나 오토바이를 만들고 있었다. 소이치로는 독자적인 기술개발에 매진했다. 실패의 연속이었지만 끈질긴 노력 끝에 자동차 산업에까지 진출하게 됐다. 이어 혼다의 전설로 남은 스포츠카 S500과 S360이 탄생했다.

1970년대에는 전 세계가 제1차 오일쇼크로 석유를 사용하는 제품의 연비 향상에 집중했다. 특히, 미국에서는 '머스키법' 발효로 배기가스 배출을 엄격히 규제하고 있었는데, 1972년 혼다가 저공해 'CVCC 엔진'을 개발하며 세계 최초로 이 법을 통과하는 자동차를 출시했다. 그 모델이 바로 준중형 시빅으로, 혼다의 기술에 대한 역사적인 가치를 빛내주었다.

이후 CVCC 엔진은 혼다의 월드베스트 셀링 세단 어코드 1세대

1999년에 출시된 혼다 인사이트는 32km/L이라는 경이적인 연비를 기록하며 혼다의 기술력을 과시했다. 사진은 2011년에 출시된 2세대 인사이트.

모델에도 장착돼 대박이 났다. 혼다는 엔진뿐 아니라 미래 환경문제 개선을 위한 기술 개발에도 박차를 가했다. 1990년대 초부터 우수한 친환경성과 연료효율, 그리고 '새로운 컴팩트 스탠더드'라는 콘셉트를 반영한 친환경차 개발에 주력했다. 그 결과 1999년

그녀가 타고 떠난 그 차

하이브리드 전용 모델인 인사이트를 출시했다. 인사이트는 당시 세계 최고 수준의 연비인 32km/L(일본 연비기준인 10.15모드)를 기록하며 혼다의 기술력을 과시했다. 더불어 2009년에는 세계 최초로 하이브리드 스포츠카 CR-Z를 내놨다.

용어 정리

ㄱ

걸윙도어　갈매기 날개처럼 위로 접어 올리면서 열 수 있게 만든 자동차 도어. 메르세데스-벤츠 300SL이 이 방식의 도어 시스템을 장착한 대표적인 자동차다.

공랭식 엔진　가열된 부분을 냉각시키기 위해 공기를 외부에서 순환시키는 방식의 엔진. 최근에는 공랭식보다 수랭식 냉각 시스템을 선호한다.

ㅁ

마력　한 마리의 말이 제공하는 견인력을 기준으로 엔진의 에너지 출력을 측정한 수치. 자동차에 관해 말할 때 '총' 마력은 한 독립형 엔진의 출력을, '순' 마력은 보조 장비로 인해 출력이 손실된 이후의 엔진 출력을 말한다.

미드십　엔진이 앞뒤 차축의 중간에 있는 후륜구동 형식을 말한다. 주로 레이싱카와 스포츠카에 많이 사용된다. 차의 중심이 중심부와 가까워지고 앞뒤의 무게 배분이 좋아지기 때문에 운동 성능의 향상을 기대할 수 있다. 반면 실내 공간이 좁아져 패밀리카에는 적합하지 않다.

ㅂ

박서엔진　피스톤이 좌우로 마주보면서 수평으로 움직이는 모습이 마치 권투선수가 주먹을 내미는 것과 비슷하다고 하여 붙여진 이름. 뛰어난 정숙성과 연비를 자랑하는데다 차체 무게중심이 낮아 핸들링이 좋다. 하지만 상대적으로 생산은 어렵다. 현재 스바루가 이 엔진을 사용하고 있다.

배기량   자동차 엔진 실린더 내부의 부피를 산출한 양. 주로 cc나 리터로 표기하며, 배기량이 클수록 엔진의 크기가 크고, 그에 비례해 강한 출력을 내뿜는다.

V4~V16   실린더의 컴팩트함을 위해 V자 형태로 배열된 엔진을 말한다. V자 뒤에 붙은 숫자는 엔진의 실린더 수를 의미한다.

ㅅ

사륜구동   네 개의 바퀴에 각각 동력이 전달되는 자동차를 말한다.

서스펜션   거친 노면을 달릴 때 차체에 전달되는 충격으로부터 운전자를 보호해주는 시스템을 말한다.

세그먼트   자동차의 사이즈 및 가격을 기준으로 분류한 등급. 주로 유럽에서 많이 사용한다.

세단   살롱·saloon이라고도 한다. 개폐가 불가능한 금속 지붕을 가진 모든 유형의 자동차를 총칭할 때 사용하는 말이다. 통상 보닛, 실내공간, 트렁크로 나뉘는 3Box 형태다.

수랭식 엔진   가열된 부분을 냉각시키기 위해 순환하는 물을 사용하는 방식의 엔진. 과거에는 공랭식 엔진을 주로 사용하였으나, 1980년대 들어서는 이 시스템을 대부분 채택하고 있다.

수평대향형 엔진   실린더가 크랭크축 양 측면에 위에 위치한 엔진을 말한다.

슈퍼차저   배기가스가 아닌 엔진 구동 컴프레서를 이용하여 흡기 시스템 안으로 공기를 강제로 밀어 넣어 실린더로 들어가는 연료와 공기 혼합기의 양을 증폭시키는 시스템. 순간적으로 토크와 파워를 높이는 효과를 기대할 수 있다.

시저스도어   차체 앞쪽 상단으로 세워지면서 열리는 형태의 도어. 마치 가위의 작동 방식과 유사하여 붙여진 이름이다. 람보르기니에 사용되면서 슈퍼카의 상징으로 자리 잡았다.

ㅇ

이륜구동   사륜구동과는 대조적으로 앞바퀴 또는 뒷바퀴로만 동력이 전달된다.

ㅈ

자세제어장치   운전자가 별도로 브레이크를 밟지 않아도 차량 스스로 미끄러짐을 감지해 각각의 바퀴에 브레이크 압력과 엔진 출력을 제어하는 장치를 말한다.

전륜구동   동력이 차의 앞 두 바퀴에만 전달되는 방식을 말한다. 뒷바퀴에는 변속기가 필요 없기 때문에 무게를 가볍게 할 수 있다.

직분사   연료 공급 시스템으로. 기화기가 없는 신형 차들에 대부분 장착된다. 연료는 휘발유 탱크에서 뿜어 올려져 분사기를 통해 곧장 엔진 흡기구로 뿌려지고, 그곳에서 공기와 혼합된 다음 실린더에서 연소된다. 디젤 엔진과 직접 분사식 휘발유 엔진에서 연료는 배기구가 아니라 실린더로 곧장 분사된다.

ㅋ

캠샤프트   엔진의 흡기판과 배기판을 여닫은 캠 조각이 달린 회전축을 말한다. 판을 푸시로드에 의해 간접 또는 직접 작동시킬 수 있다. 더블 오버헤드 캠샤프트 엔진에서는 흡기판용과 배기판용으로 두 개의 캠샤프트가 사용된다.

컨버터블   스포츠카가 아닌 2도어 자동차를 말한다. 천으로 된 지붕을 제거하거나 접을 수 있다. 강철로 만든 지붕은 하드톱이라고 한다.

쿠페   지붕이 낮거나 없는 2도어 자동차를 말한다. 쿠페는 오늘날 전반적으로 뒤쪽으

그녀가 타고 떠난 그 차

로 내려가는 지붕선을 가지고 있다.

크럼플 존   차량 충돌 시 부서지며 충격을 흡수하는 공간. 크럼플 존이 얼마나 확보 되느냐에 따라 안전성에서 높은 점수를 얻을 수 있다.

ㅌ

테일램프   미등이라고도 한다. 차량 뒤쪽에 있는 램프로, 후진기어로 변속했을 때 켜지는 백 램프, 브레이크 페달을 밟을 때 켜지는 브레이크 램프, 리어 위커 등이 있으며, 이들을 한 덩어리로 디자인한 것을 콤비네이션 램프라 한다. 이 밖에 주차 시에 켜지는 파킹 램프, 번호판을 비추는 라이선스 플레이트 램프는 앞뒤에 모두 위치한다.

토크   엔진이 축을 돌리는 힘을 나타낸 수치. 단위는 k·m 또는 N·m(뉴턴미터: 1kg·m=9.80665N·m)로 나타낸다. 1N·m은 축에 1미터 길이의 막대기를 수직으로 달아놓고 그 끝을 1N(뉴턴)의 힘으로 돌리는 것을 의미한다.

트랜스미션   원래는 구동계의 모든 부품을 가리키지만, 일반적으로 기어박스를 지칭할 때 사용한다.

ㅍ

프로펠러 샤프트   엔진 토크를 후륜구동이나 사륜구동 차의 뒤축으로 전달하는 긴 샤프트를 말한다.

플래그십 모델   해당 브랜드를 대표하는 주력 상품을 말한다.

플랫폼   자동차의 차체 뼈대를 말한다. 하나의 플랫폼에서 미적인 다양성을 최대화하는 것이 현대 차 디자이너들의 과제다.

필러   도어부와 천장의 중간에 위치해 차에 강도를 더해주는 기둥을 말한다. 프런트 윈도와 사이드 윈도의 중간에 있는 필러가 프런트필러, 앞뒤 도어 중간에 있는 것이

센터필러 또는 사이드필러, 뒤에 있는 것이 리어필러다.

ㅎ

하드톱   개폐가 가능한 금속 지붕이 있는 차를 말한다. 천으로 된 지붕을 가진 차는 소프트톱이라 불린다.

하이브리드   전기와 내연기관(휘발유 또는 디젤 동력)의 사용을 결합한 자동차를 말한다. 전기로는 시내 운전 시 배기가스를 크게 줄일 수 있고, 화석연료는 고속도로 운전 시에 지속적인 힘을 충분히 제공하고 배터리를 충전한다.

해치백   수직형 대신 기울어진 꽁무니를 지닌, 스테이션 왜건을 제외한 모든 자동차에 있는 뒷문으로, 세 번째나 다섯 번째 문이라고도 불린다.

헤드램프   야간에 자동차가 안전하게 주행하기 위해 전방을 비추는 램프. 과거에는 주로 원형이었으나, 최근에는 각진 모양이 대부분이며, 특히 차체의 디자인에 맞추어 모양과 구조가 독특한 것이 늘고 있다.

후륜구동   동력이 자동차의 뒷바퀴에만 전달되는 형식을 말한다.

휠베이스   앞바퀴와 뒷바퀴의 정확한 축간거리를 말한다.

기타

2+2 좌석   두 개의 풀사이즈 앞좌석과 두 개의 작은 뒷자석을 가리키는 약자. 뒷자석은 어린 아동들이나 가방용 공간이다. 단시간 움직일 때에는 성인도 탑승이 가능하다.

ABS   브레이크를 밟는 동안 바퀴가 잠기지 않게 하는 브레이크 시스템. 응급시에 브레이크를 밟고 있는 도중에도 핸들을 돌릴 수 있다.